Collana: **I SANTI**

Santa Bernadette Soubirous

BERNADETTE: UNA DI NOI

Testi: **Don Gianni Toni**

ISBN 978-88-8404-215-6

Per ordinare questo libro citare il codice 8450

Per gli ordini rivolgersi alla:

TOTUS TUUS

Editrice Shalom
Via Galvani, 1 (Zona Industriale)
60020 Camerata Picena (An)

Tel. 071. 74 50 440 r.a.
dal lunedì al venerdì
dalle 9.00 alle 19.00

Numero Verde
800 03 04 05 **solo ordini**

Fax 071. 74 50 140
sempre attivi in qualsiasi ora
del giorno e della notte.

e-mail: ordina@editriceshalom.it
http://www.editriceshalom.it

INDICE

Prefazione

Non posso rifiutarmi di presentare questo libro, che don Gianni con passione ed acume ha voluto scrivere, completando così la sua "trilogia" sulle apparizioni di Lourdes e il conseguente pellegrinaggio; esperienza, questa, che ha segnato da trent'anni la sua intensa e preziosa azione di animatore pastorale e assistente ecclesiastico dell'Unitalsi laziale.

L'avere esclusivamente dedicato tutta l'estensione del testo a Bernadette Soubirous, è quanto mai opportuno, perché esso può essere valido sussidio per l'anno 2009, a lei consacrato.

In verità c'è anche da osservare che a molti pellegrini, e in special modo ai malati, non è stata fatta conoscere in profondità la vita di Bernadette, né la sua misteriosa avventura, che, sebbene inizi con le Apparizioni, ha avuto il suo culmine nella breve, ma intensa esperienza spirituale e mistica, vissuta nel monastero di Nevers, dove la santa consumando i suoi giorni, ebbe a dire: "non pensavo che ci fosse da soffrire così tanto".

Porre mano alla stesura di un'ulteriore biografia di Bernadette potrebbe essere superfluo, viste le molte pubblicazione a carattere storico e divulgativo, che ci sono in giro.

Il taglio che don Gianni dà al racconto è ben diverso e si contraddistingue da una sua lettura personale, frutto di una documentata conoscenza che egli ha avuto dei luoghi di vita di Bernadette. A questo proposito la sua esperienza inizia fin dagli anni dei suoi studi, quando da seminarista nei mesi estivi si recava a Lourdes ad accompagnare i "pellegrini di un giorno", offrendo loro sempre una visita obbligata lì dove si è svolto il mistero di questa breve, ma straordinaria esperienza di povertà sofferta, di umiltà provata, di stupore continuo. Il silenzio eloquente di saggezza della piccola e malata Bernadette, la forza interiore temprata dalla durezza della montagna e dal freddo dei Pirenei, sono capaci di parlare proprio da quei luoghi, che sono stati teatro di questa intensa esperienza umana.

Don Gianni cercava di suscitare nei pellegrini, a volte commossi, a volte curiosi, l'insondabile prodigio di Lourdes. Bisogna a proposito riconoscere che non si possono comprendere fino in fondo le Apparizioni, se non si conosce lo spessore umano, la personalità, la storia familiare e le vicende che hanno lacerato il cuore di Bernadette, perché venisse creduta: le umiliazione subite, perché ritenuta ignorante e testarda; le gelosie suscitate in chi la considerava una privilegiata; le provocazioni ricevute da chi la avversava.

Chi si avvicina a questa speciale descrizione,

che fa don Gianni, troverà sicuramente pieno consenso alla sua propria vita, perché Bernadette si confonde con la povertà di molti; si avvicina a chi è lacerato dal dolore, perché lei, il dolore, lo ha vissuto in pienezza; è in sintonia con chi prega, perché lei, della preghiera, ne ha fatto uno stile di vita.

Queste situazioni che avvolgono Bernadette sono ben poste in evidenza dall'autore, soprattutto quando parla della sua fede che se, nelle Apparizioni s'illumina di una luce divina, nella quotidianità s'immerge nel silenzio di Dio e di quello della Vergine, la quale solo negli ultimi giorni della sua vita tornerà a visitarla, rassicurandola e confortandola.

L'accurata e circoscritta raccolta di testimonianze da parte delle consorelle di santa Bernadette, con il racconto della presenza della sua urna nella basilica di San Pietro, diventa dono anche per quanti leggeranno il libro, trovando in esso una risposta alla fatica quotidiana che, per un verso o per l'altro, porta sempre la sua spina.

Don Gianni, esperto conoscitore dei pellegrini e dei sentimenti che li attraversano, si attarda a provocarli ed incoraggiarli, perché non si lascino solo commuovere da Bernadette, ma anche convertire alla speranza cristiana.

L'autore ha voluto dare un titolo provocatorio al libro: "Bernadette è una di noi". Questo, se da una parte ci incoraggia, dall'altra ci fa sentire una grande distanza tra le sue virtù, la sua umiltà, il suo abbandono a Dio e la nostra sufficienza, le nostre interiori ribellioni, perché non ce la sentiamo "di essere una scopa" come si definiva lei, né di vivere per amore invece che per forza.

Questo libro è una vera profezia di speranza per chi si fa pellegrino a Lourdes, di consolazione per chi è stretto dalla morsa del dolore, di intensa e profonda spiritualità per chi cerca Dio, di carità per chi serve la sofferenza.

L'auspicio sia, per quanti sfogliano queste pagine, di lasciarsi illuminare da Bernadette, per scoprire che solo nel mistero di Dio si può ritrovare la grandezza dell'uomo.

Don Decio Cipolloni,
Vicario generale della Prelatura pontificia
del Santuario di Loreto
già Assistente nazionale UNITALSI
10 dicembre 2008 Festa della Madonna di Loreto

Prima foto a Bernadette.

Il perché di questo libro

Non avrei mai immaginato di scrivere delle pagine per un libro su lei: la veggente di Lourdes, la pastorella dei Pirenei, la figlia del mugnaio finito in prigione per falsa calunnia: Francesco Soubirous. Un libro su Bernadette, quando ce ne sono tantissimi e soprattutto di penne eccelse, a cominciare dallo storico Réné Laurentin!

Ricordo come fosse ieri, e sono passati più di trent'anni, quando andai alla libreria del santuario ad acquistare i due volumi in francese dello storico, sopra citato: "Bernadette vous parle". Ero seminarista al servizio del santuario con l'allora neonato "Pellegrini di un giorno". A quei due volumi affiancai i libri di padre Billet e di padre Antonio Bernardo.

Ricordo ancora i pomeriggi trascorsi a leggere il "Carnet des notes intimes" di santa Bernadette, tra un servizio e l'altro nell'ufficio dei "Pellegrini di un giorno", ubicato sotto le arcate di sinistra del santuario, aiutato dall'allora responsabile Michelle Drouaud o dal cerimoniere del santuario, padre Michel Moncassin... Poi sono andato alcune volte a Nevers, davanti a quel suo corpo incorrotto...

Anche lo scorso luglio 2008 sono tornato lì, da-

vanti a quei resti mortali conservati miracolosamente, insieme ad alcuni volontari UNITALSI.

Ho trascorso tanto tempo lì a meditare e riflettere, il che è stato di aiuto nel mio cammino spirituale.

Come si fa a non restare scossi spiritualmente davanti ad una storia così sconvolgente, raccontata con tanta semplicità, dalla ragazzina più povera e più stupida di Lourdes?

Nel Vangelo, Gesù aveva detto: "Ti rendo lode, Padre, Signore del cielo e della terra, perché hai nascosto queste cose ai sapienti e ai dotti e le hai rivelate ai piccoli. Sì, o Padre, perché così hai deciso nella tua benevolenza" (Mt 11,25-26).

Più si approfondisce la conoscenza della vita di Bernadette e più forte emerge l'esperienza di una santità personale con l'avventura della piccola messaggera, che però sente di avere un ruolo soltanto per un certo momento della sua vita e nulla più.

Ad un certo punto dimenticherà persino tutto ciò che era accaduto dicendo: "è passato tanto tempo". La semplicità della vita comune, con lo straordinario dell'Infinito!

Oggi che la gente corre verso tutto ciò che sa di straordinario, di miracoloso, l'avventura di Bernadette è un andare controcorrente: andrà a Nevers per nascondersi e prima ancora si ritirerà dalle suore di Lourdes per vivere nella riservatezza e nella normalità della vita quotidiana. Quel nascondimento che, dirà un giorno, di avere voluto con tutta se stessa perché: "La santa Vergine si è servita di me e poi mi ha ridato il mio posto ed io ne sono contenta".

Una santa con una vita normalissima, una ragazzina che fin dal primo momento si sente solo e semplicemente una "portavoce", diremmo noi, di "Aquerò": quella là! Ecco perché quando penso a lei, penso ad una di noi!

Ma ciò che ha dato la spinta a queste pagine è stato l'arrivo a Roma del suo reliquiario, custodito nel santuario di Lourdes, per l'11 febbraio 2008. Era la prima volta che ciò accadeva.

Era nato tutto per caso: dopo la Messa internazionale del pellegrinaggio di aprile dell'UNITALSI romana, tornando dalla Grotta dopo l'Angelus, domandai al cerimoniere se fosse possibile avere a Roma quel reliquiario.

La risposta fu lapidaria e quasi impossibile: "Certamente, ma ci vuole un mezzo miracolo perché non si è mai mosso da Lourdes".

Il miracolo c'è stato: è arrivato a Roma nella basilica del Papa, con un coinvolgimento incredibile di popolo e tante domande su quella figura di ragazza, di suora e di veggente eccezionale.

La gente domandava notizie concrete, brevi e, soprattutto, che appagassero il loro desiderio di confronto con la storia di Lourdes.

Fu in quei giorni che pensai a queste pagine: non un libro di citazioni, di ricerche, di annotazioni storiche, ma (e chiedo scusa per la presunzione) pagine semplici, che diano tutte quelle informazioni necessarie in breve e che consentano una conoscenza ed una riflessione spirituale, per aiutare a conoscere gli eventi, la vita ed approfondire, nel proprio animo, quel cammino spirituale che "Aquerò" desidera da ogni credente e che è il motivo per cui apparve centocinquanta anni fa.

Dopo qualche giorno dall'uscita del precedente libro: "Lourdes la storia, le storie", l'editore mi domandò di scrivere qualcosa su Bernadette! Era come se una tela si tessesse intorno a me per rispondere ad un qualcosa che mi superava. Ecco allora queste pagine.

Ho cercato di rileggere molti dei libri che sono stati scritti al riguardo, per dare al lettore un libro semplice e per far scorgere che la santità è la risposta dell'uomo al progetto di Dio, nella semplicità più estrema.

In parole povere: i santi sono persone normalissime come noi e la santità non è altro che vivere l'ordinario, in maniera straordinaria.

Aggiungerei anche, così come ripeteva proprio santa Bernadette, "io vorrei che si raccontassero anche i difetti dei santi e quanto hanno fatto per correggersi. Questo sarebbe molto più utile dei loro miracoli e delle loro estasi"

Insomma: Bernadette, una di noi, si mette al nostro fianco per farci scoprire in maniera breve ed intensa quanto sia bello servire Dio, facendo tutto semplicemente, o meglio, per farci capire che, come lei diceva: "Obbedire, è amare. Obbedire per piacere a Gesù, è amare. Soffrire tutto da parte delle creature per piacere a Gesù, è amare".

Don Gianni Toni

Scheda biografica di Bernadette Soubirous

7 gennaio 1844
A Lourdes nasce Bernadette Soubirous. È figlia del mugnaio Francesco e della casalinga Luisa Castérot.

9 gennaio 1844
Bernadette viene battezzata col nome di Maria Bernarda nella chiesa parrocchiale di Lourdes. La madrina è la zia Bernarda Castérot. Il padrino è il cugino Giovanni Védère, di 13 anni.

Novembre 1844
Bernadette ha dieci mesi. Viene portata a Bartrès alla contadina Maria Lagués, che l'allatterà fino al 1° aprile 1846.

Autunno 1855
A Lourdes scoppia un'epidemia di colera. Bernadette, che ha undici anni, ne rimane colpita e segnata per tutta la vita.

Settembre 1857
Bernadette ha tredici anni ed è assunta come servetta-pastorella dalla sua ex nutrice Maria Lagués, a Bartrès.

21 gennaio 1858
Bernadette ritorna a Lourdes ed abita con la famiglia al "cachot".

11 febbraio 1858
È giovedì grasso. Bernadette va a raccogliere legna e ossi con la sorella Antonietta e l'amica Giovanna Abadie, presso la grotta di Massabielle. Qui, nella cavità della roccia, vede una signora biancovestita. È la prima apparizione.

25 marzo 1858
È la festa dell'Annunciazione. Alla grotta di Massabielle, la signora svela il suo nome a Bernadette dicendole: "Io sono l'Immacolata Concezione".

3 giugno 1858
Bernadette, ormai quattordicenne, riceve la Prima Comunione dalle mani del suo parroco, don Domenico Peyramale.

16 luglio 1858
A Massabielle, la Vergine Santissima appare per la diciottesima ed ultima volta a Bernadette. È la festa della Madonna del Carmine e il giorno volge al tramonto.

5 febbraio1860
È domenica e Bernadette riceve la cresima dalle mani di monsignor Laurence. In quella felice circostanza viene autorizzata a comunicarsi ogni otto giorni: un privilegio eccezionale per quei tempi.

15 luglio 1860
Bernadette viene ospitata dalle Suore dell'Ospizio di Lourdes, dove rimane fino all'estate del 1866.

4 aprile 1864
Bernadette comunica a suor Alessandrina Roques la decisione di farsi religiosa nel loro Istituto.

4 luglio 1866
Bernadette parte per Nevers, dove farà il suo noviziato sotto l'autorevole guida di madre M. T. Vauzou.

7 luglio 1866
Giunta a Nevers, Bernadette si reca presso le Suore della Carità nel convento di Saint-Gildard, dove resterà per sempre.

8 dicembre 1866
Festa dell'Immacolata Concezione. A Lourdes muore improvvisamente, all'età di quarantun anni, Luisa Castérot, mamma di Bernadette.

30 ottobre 1867
Bernadette fa la sua professione religiosa alla presenza di monsignor Forcade, vescovo di Nevers, e della superiora generale dell'Istituto, madre Giuseppina Imbert.

1867-1873
Bernadette svolge, con molta professionalità, il suo compito d'infermiera guadagnandosi la

stima della comunità di Saint Gildard e gli elogi del medico curante Roberto Saint-Cyr.

1874-1879
Bernadette non ha più incarichi regolari da svolgere. Le sue continue malattie sono ormai "il suo impiego" quotidiano come lei stessa dice. Offre tutto a Dio per la conversione dei peccatori.

16 aprile 1879
Bernadette muore alle ore 15. Ha appena trentacinque anni e qualche mese.

19 aprile 1879
La salma di Bernadette, dopo essere rimasta esposta per tre giorni alla venerazione dei fedeli, viene tumulata nella cappella dell'Istituto.

13 agosto 1913
Papa Pio X proclama "venerabile" Bernadette Soubirous.

14 giugno 1925
Papa Pio XI proclama Bernadette "beata".

8 dicembre 1933
È l'Anno Santo ed è anche la festa dell'Immacolata Concezione. E in quel giorno radioso, papa Pio XI proclama "santa" l'umile Bernadette Soubirous, glorificandola così anche sulla terra.

La Famiglia di Bernadette

Genitori

Francesco Soubirous, il padre: *7 luglio 1807 – 4 marzo 1871.*

Luisa Castérot, la madre: *28 settembre 1825 – 8 dicembre 1866.*

Fratelli e Sorelle

Giovanni: 13 febbraio 1845 – 10 aprile 1845.

Maria (detta Antonietta): *19 settembre 1846 – 13 ottobre 1892.* Sposata con Giuseppe Sanathé, ebbe sei bambini. I primi cinque, (nati durante la vita di Bernadette) morirono in tenerissima età. La sesta nacque nel 1880 e morì senza figli, nel 1915.

Giovanni-Maria: *10 dicembre 1848 – 4 gennaio 1851.*

Giovanni-Maria: *13 maggio 1851 – 24 febbraio 1919.* Ebbe otto figli da un duplice matrimonio: solo la sua discendenza si perpetua oggi.

Giustino: *28 febbraio 1855 – 1 febbraio 1865.*

Bernardo-Pietro: *10 settembre 1859 – 2 febbraio 1931* (figlioccio di Bernadette, detto Pietro). Sposato a J. M. S. Lacrampe, ebbe due bambini, che morirono in tenera età.

Giovanni: *4 febbraio – 11 settembre 1864.*

Un'altra sorella di Bernadette è morta alla nascita, nel gennaio 1866.

Zii e Zie

Dei suoi tredici tra zii e zie, Bernadette ha conosciuto soprattutto:

Tecla Soubirous: sorella maggiore di suo padre Francesco. Il suo quarto figlio Giovanni Maria (1830/1864) fu il giovane padrino di Bernadette.

Bernarda Castérot: sorella maggiore di sua madre Luisa. Lei fu la madrina di Bernadette. Bernadette, a sua volta, fu la madrina del quinto figlio di zia Bernarda: Giulio, Bernardo, Nicolò, (nato il 26 marzo 1863).

Basilio e *Lucilla Castérot*: sorelle minori di sua madre Luisa.

Bernadette a Lourdes

7 gennaio 1844
4 luglio 1876

Tu andavi a raccogliere la legna per il fuoco.
Che riunisce gli uomini e li riconforta.
Affinchè anch'io possa riscaldare coloro
che cercano, ora il silenzio o la parola, ora
il sorriso o il sostentamento.
Per favore Bernadette prestami i tuoi zoccoli.

Bernadette di Lourdes: *una come tante*

Potrà sembrare quasi assurdo eppure il nome di Lourdes dice poco alla maggior parte di francesi.

Oggi, i pellegrini che in maggioranza si recano ogni anno al celebre santuario mariano, non sono francesi ma... italiani! Ancora una volta i "figli" di Voltaire, seppur aperti a qualsiasi discorso, hanno enormi pregiudizi su tutto ciò che parla di religione. È per questo che attualmente la nazione francese trova difficoltà a rapportarsi con un crescendo d'interesse religioso che emerge sempre più,sopratutto in mezzo ai fedeli mussulmani e non solo. In effetti il problema e le conoscenze religiose erano da decenni messi da parte considerandoli frutto di una "cultura arretrata". La recente visita del Santo padre Benedetto XVI, data come "flop" mesi prima della data prescelta dalla grande stampa, ha fatto scoprire, e non solo ai media, un volto nuovo ed una realtà fuori da ogni "controllo" e previsione che hanno "turbato" le "quiete" coscienze intellettuali e non, soprattutto con la Messa di Parigi alla quale hanno partecipato quasi trecentomila persone e il famoso discorso pronunciato dal Santo Padre al mondo della cultura e della scienza nel collegio dei Bernardins. Nella fiaccolata mariana a Lourdes ben centocinquantamila persone hanno seguito la celebrazione mariana in una serata atmosfericamente difficile! In realtà, il rapporto tra la Francia e la città di Lourdes è molto difficile: quanti francesi conoscono la città più visitata della loro nazione, più internazionale, più riprodotta all'estero? Per molti è difficile "digerire" che la città francese più famosa è Lourdes e non Parigi! Moltissimi neanche sanno che la Francia ospita il santuario religioso più visitato al mondo, che ogni anno accoglie un numero di persone, pari al triplo dei pellegrini musulmani che vanno alla Mecca, "obbligati" da un precetto del Corano! Ma l'incomprensione tra la Francia e Lourdes c'è stata fin da principio. Lourdes, nel 1858, all'inizio appunto delle apparizioni, era un piccolo villaggio di quattromila abitanti, totalmente dimenticato dalla rivoluzione industriale, ben lontano dal progresso in cui credevano coloro che contavano allora! La famiglia Soubirous era poverissima, tra le famiglie più povere: il simbolo all'antitesi di quella Francia che i sostenitori della "libertè, egalitè, fraternitè", volevano far primeggiare! Lourdes ha resistito bene: con le ferrovie sono arrivati milioni di pellegrini, alberghi e consumi! Cose che non sono poi tanto dispiaciute a chi doveva coniugare la "libertè" con l'economia! Uno dei primi libri scritti, *Notre dame di Lourdes*, pubblicato da Henri Lasserre, diventerà un best seller: 142 edizioni in sette anni! Uno dei maggiori denigratori di Lourdes, Émile Zola, passerà a Lourdes alcuni mesi nel 1894, per cercare di smontare pezzo per pezzo la credulità dei semplici! Ciò nonostante non riuscirà ad evitare che nel suo libro, *Lourdes*, traspaia tutto il fascino – che finirà per rapire anche lui – per quel posto, dove si scontrano da sempre fede, devozione e commercio, malattia e suggestione. Certo delle sue idee, egli prevede per Lourdes la fine entro breve tempo. Alla fine, però, sarà proprio uno, fra i tanti, a morire in "pace" con Dio e Maria, alla quale aveva cercato di fare la "guerra", con le armi che aveva a disposizione: l'arte dello scrivere! Il premio Nobel per la medicina del 1933, Alexis Carrel, in un viaggio a Lourdes, ritroverà la fede grazie ad uno di quei miracoli che passeranno alla storia e che lui descriverà in un suo libro *Viaggio a Lourdes*...

Durante la seconda guerra mondiale, un'altro scrittore, ebreo, cercherà di salvare la sua famiglia dalla condanna del nazismo nei campi di concentramento, andando a cercare un posto sicuro tra i Pirenei: Lourdes. Un giorno andrà alla Grotta di Massabielle e a lei, all'ebrea Miriam di Nazaret, aprirà il suo cuore, promettendo di scrivere il libro più bello della sua vita, se la sua famiglia uscirà sana e salva dal dramma della guerra! È così che nacque il libro *Il suffit d'aimer* di Franz Werfel. Da quel romanzo sarà tratto il film che rese celebre Jennifer Johns: *Bernadette*, che milioni di persone di tutto il mondo ancora ricordano con piacere quando pensano alle apparizioni della santa Vergine a Lourdes. Un sacerdote e grande mariologo, Réné Laurentin, occupa un ruolo di primo piano nella storia delle apparizioni. Sarà lui, con le sue ricerche, frutto di anni d'impegno e di studio, a dare a milioni di lettori la possibilità di conoscere, in maniera approfondita e dotta, quelle che sono state le apparizioni della santa Vergine alla piccola Bernadette Soubirous. Si può dire che Laurentin e altri autori del suo calibro, come Carrel e Werfel, rispondono pienamente all'appello che monsignor Thèas espresse nel 1950 dicendo: "Lourdes ha bisogno solo di verità". Le pagine che seguono non vogliono essere assolutamente un trattato dotto della storia accaduta 150 anni fa, alla Grotta di Massabielle. Queste pagine vogliono soltanto rappresentare un piccolissimo ringraziamento di un seminarista prima e di un sacerdote dopo, che ha avuto la fortuna, un lontano 1974, di arrivare a quella Grotta come "Pellegrino di un giorno", e che è riuscito, grazie a Maria, a vedere le meraviglie che Dio ha compiuto e compie attraverso quella pastorella, la più ignorante di Lourdes, in più di 115 pellegrinaggi. A lei ho confidato per prima questi miei pensieri – che ora affido all'amico e benevolo lettore che vorrà leggermi –, quando nell'estate 2008 ero a Nevers, accanto ai suoi resti mortali, i quali ancora oggi, nella loro straordinaria conservazione, lasciano il visitatore stupito: quella ragazza, morta a trentacinque anni, alta solo 144 centimetri, da quel lontano 11 febbraio ad oggi ha coinvolto, con le apparizioni della santa Vergine, 750 milioni di persone! Tutto questo è una risposta a ciò che aveva scritto il filosofo Pascal e poi condensato in maniera quanto mai efficace dallo scrittore ebreo Franz Werfel: "Per chi ha fede nessuna prova è necessaria, per chi non ha fede nessuna prova basta".

Vero ritratto a olio di Bernadette conservato al museo del santuario di Lourdes.

La famiglia Soubirous

Prima ancora di raccontare la storia vera e propria delle diciotto apparizioni, occorre presentare quella che è la famiglia di Bernadette Soubirous.

Altri esperti conoscitori e scrittori di Lourdes (Laurentin, Harris, Bertolotti), dedicano ampio spazio ad una presentazione che faccia da "apripista" alla conoscenza vera e propria di Bernadette e del suo mondo più intimo.

Anche i contemporanei di Bernadette erano interessati a conoscere, di ogni loro concittadino, quelli che erano i suoi legami parentali, per cercare di meglio circoscrivere quelle che erano le storie, i fatti e i pettegolezzi di una famiglia, con gli alti e i bassi della loro piccola o grande storia... "Nulla di nuovo sotto il sole" nella vita di un paese: ieri come oggi!

Le due famiglie che s'incontreranno e saranno coinvolte, loro malgrado, nella storia di Bernadette, con le apparizioni alla vecchia roccia di Massabielle, sono quelle dei Castérot, da parte di mamma Luisa, e dei Soubirous da parte di papà Francesco.

Ovviamente nei loro alberi genealogici non vi sono persone illustri, ma poveri mugnai e tagliatori di pietre: a decine, in quegli anni, erano le famiglie che portavano avanti le attività locali, che caratterizzavano la vallata dei Pirenei.

La famiglia Castérot, solo una quindicina di anni prima, aveva assistito, impotente, alla morte del capofamiglia Giustino (esattamente nel 1841), avvenuta a causa di un brutto incidente con il proprio carretto, mentre andava a fare la consegna della farina: i cavalli si erano imbizzarriti ed egli cadde e morì. Il Castérot, oltre alla vedova, lasciava cinque piccoli, bisognosi di tutto (soprattutto di mangiare!), e l'unico erede maschio che poteva portare avanti il lavoro del mulino aveva appena dieci anni... Alla moglie non restò che andare alla "ricerca"di un marito-mugnaio per la primogenita, che potesse dare un senso di continuità all'attività familiare (di loro proprietà dal XVIII secolo), senza dover ricorrere ad operai esterni che andavano pagati.

La sistemazione della figlia con un mugnaio avrebbe risolto non pochi problemi economici. Sia la madre che la figlia si misero a cercare qualche giovane lourdese che rispondesse alle loro apettative.

Fra i giovani mugnai del luogo, le attenzioni di entrambe si concentrarono su Francesco Soubirous, di trentaquattro anni (tanti per un giovane scapolo di quei tempi!). Francesco non fu troppo renitente alla proposta e ciò rese ovviamente entusiasta la vedova Castérot... Ricevuto in casa per cercare di concordare la cosa, Francesco fu come di ghiaccio davanti alla personalità di Bernarda, certo accettava di sposare una Castérot... purché gli fosse data in moglie la più giovane e bionda Maria Luisa!

Ovviamente la delusione di Bernarda fu grande ed anche quella di sua madre: far sposare una figlia più piccola e lasciare senza marito la più grande significava in un certo qual senso far restare zitella la primogenita. Purtroppo a nulla valsero i discorsi per convincere il maturo Francesco della troppo giovane età di Maria Luisa, lui attribuiva la sua scelta al fatto che Maria Luisa fosse una mannaia più in gamba della sorella!

Il mulino di Boly, camera dove nacque santa Bernadette.

E questa volta non fu solo un matrimonio d'interesse, ma anche un matrimonio d'amore: agli inizi del 1843, nella chiesa parrocchiale di Lourdes, fu celebrato il matrimonio tra la giovane e bionda Maria Luisa, dagli occhi azzurri, con il maturo mugnaio Francesco Soubirous.

I primi tempi al mulino di Bolj trascorsero in tranquillità e pace: mamma Clara cedette la sua camera ai giovani sposi e l'altra fu per lei e le figlie.

Dopo un anno vi fu la nascita della piccola Bernadette, il 7 gennaio 1844. II 9 gennaio fu battezzata e madrina fu la zia Bernarda: la fidanzata mancata, che impose anche il nome alla piccola: Maria Bernarda! Il padrino fu un ragazzo di 13 anni, Giovanni Védère.

A Bernadette seguiranno ben otto, tra fratelli e sorelle, ma nella sua prima infanzia non le mancheranno certamente affetto e coccole da parte di tutti e soprattutto dalla nonna Clara Castérot e dalle sue zie: Bernarda, Basilia e la piccola Lucilia di quattro anni.

Questo quadro familiare, così idilliaco, fu turbato presto da un grave incidente che colpì sua madre Luisa, che per la stanchezza, una sera, siamo nel novembre del 1844, cadde sul fuoco del camino e si bruciò una mammella. La donna non potè più allattare la sua piccola primogenita, proprio mentre era in attesa del secondo figlio.

Ad offrire un rimedio al problema dell'allattamento della piccola Maria Bernarda fu Maria

Laguès, del vicino villaggio di Bartrès, che aveva perso il suo unico figlio Giovanni, di diciotto giorni.

Papà Soubirous pensò a lei, e per cinque franchi mensili, che potevano essere pagati in denaro oppure in generi alimentari, la bimba fu messa a balia; accompagnata la prima settimana da sua zia Bernarda, la quale vi restò fin quando sua nipote non si fu adattata alla nuova sistemazione. Lì, Bernadette, rimase fino allo svezzamento, e oltre ancora, per amore della balia che non voleva staccarsene... anche se Francesco, il papà, andava di tanto in tanto a trovare quel suo primo frutto dell'amore matrimoniale.

Bernadette tornerà a Lourdes, nel mulino di Bolj, solo nell'aprile del 1846. Il suo ritorno fu l'occasione per una piccola festa di famiglia, insieme ai Castérot.

Nel mese di settembre arrivò la secondogenita che fu chiamata Maria Antonietta e che sarà la compagna di viaggio alla Grotta in quel futuro 11 febbraio 1858: primo appuntamento con la santa Vergine. Nonostante le gioie familiari, sia la vita economica che il rapporto con la suocera andavano deteriorandosi sempre più, tanto che quest'ultima decise di lasciare il mulino di Bolj. In cuor suo prevedeva, da come si stavano mettendo le cose, che a breve anche la sua Luisa avrebbe vissuto giorni tristi.

I disagi erano dovuti, evidentemente, alla crisi economica che imperversava nella regione, ma soprattutto al modo "poco commerciale" che Francesco aveva con i suoi clienti. Questi venivano accolti con pane e vino e spesso non pagavano il lavoro che lui svolgeva per loro. Non tutti i clienti poi erano onesti ed alcuni approfittavano della sua bontà.

Il venir meno della suocera Castérot e del suo modo energico di gestire il mulino, si farà sentire presto in casa Soubirous!

A tutto questo si aggiunse anche la disgrazia di Francesco che, tagliando una macina di pietra, a causa di una scheggia, perse l'uso di un occhio. Questo complicherà ancor più il suo lavoro: la resa della farina, che non sarà più fina come prima, allontanerà i clienti abituali.

Il mulino di Boly che i Soubirous lasciarono nel 1854.

Dopo non molto tempo morì Clara Castérot, che lasciò loro una piccola eredità di novecento franchi. Questa eredità permise ai Soubirous di lasciare il mulino di Bolj, per il quale non potevano più pagare, e di prendere in affitto il mulino d'Escourbès ad Arcizacès-Anglès, dove si trasferirono.

Questo nuovo lavoro, lontano da Lourdes, durò solo sei mesi: Francesco si accorse subito che il lavoro non andava e soprattutto non permetteva di sfamare la sua famiglia che era cresciuta.

Non restava che tornare a Lourdes.

Sarà poi nel 1855 che Bernadette si ammalerà e rischierà addirittura di morire di colera. Per tutta la sua breve vita porterà i segni di questi giorni e della malattia che la colpì.

Francesco Soubirous terminerà così il suo lavoro di piccolo impresario della farina, per divenire operaio a giornata. Manderà la piccola Bernadette all'osteria di sua zia Bernarda, per occuparsi dei bambini e servire il vino al banco.

Certamente non fu solo la poca esperienza di Francesco e il suo animo buono e sempre aperto ai bisogni dei clienti, a mandare in crisi la famiglia tutta, ma anche la situazione economica della regione che in quegli anni non fu delle più rosee!

Inizia così, per la famiglia Soubirous, quella che lo storico Laurentin definirà "una Passione", che richiama in modo particolare quella del Signore Gesù.

È nel 1857 che la famiglia non saprà dove andare

Il fonte battesimale oggi.

a vivere, avendo lasciato il misero appartamento di Via Bourg.

La famiglia era composta da quattro figli (Bernadette, Antonietta, Gian Maria e Giustino). Francesco lavorava presso la scuderia Cazenave come stalliere, con una paga per allora di un franco e cinquanta al giorno; Luisa cercava di lavorare come lavandaia e domestica presso qualche famiglia benestante: troppo poco per sei bocche, i problemi economici erano troppi!

Sarà solo grazie all'aiuto che darà loro un parente, Andrè Sajous, che riusciranno ad avere un tetto per ripararsi, il famoso "cachot": un tugurio infetto e buio!

Questo era una stanza nera e malsana che da tempo non era più adibita a prigione locale e che scartavano come alloggio persino gli spagnoli di passaggio, i quali preferivano dormire fuori e senza paglia, piuttosto che in quello spazio.

Due poveri letti e una piccola cassapanca, per riporvi i pochi vestiti, era tutto il mobilio che fu caricato sul carro da Francesco, per effettuare il trasloco in *"rue des petites Fosses"*!

Dei mobili che avevano non era rimasto nulla. L'armadio di nozze, regalo della suocera, era stato "divorato" dai creditori che non fecero ovviamente nessuno sconto a tanta povertà. E non restò neanche un tavolo dove poter mangiare! Luisa spesso era stata vista dalla moglie del cugino Andrea, mentre mangiava la sua minestra, seduta sulla pietra del davanzale della finestra... quando aveva la minestra!

La povertà era tanta, ma gli stessi bambini erano di una dignità eccezionale tanto che non accettavano mai nulla dai vicini. Sembravano aver toccato il fondo del barile, come si usa dire! Ma a tutto ciò mancava ancora una prova: il disprezzo da parte della gente che li conosceva: Francesco venne accusato di aver rubato un sacco di farina al fornaio Maisongrosse e finì in carcere per otto giorni. Fu liberato il 4 aprile 1857, "per motivi di umanità". Divennero i parenti poveri, ignorati da tutti.

La famiglia Soubirous (foto del 1866).
Al centro Bernadette con il copricapo bianco.

Riguardo a tutto ciò, ritornano le parole che un giorno dirà Bernadette: “Pensavo che lo voleva il buon Dio. Quando si pensa che il buon Dio lo vuole, non ci si lamenta più”.

Una famiglia che non conobbe mai la parola disperazione: le loro anime erano piene di fede, di speranza, di amore per il prossimo e sempre pronte alla volontà divina!

Nuovamente Bernadette fu mandata a Bartrès da Maria Laguès, come pastorella delle pecore e aiutante in casa in tutte le faccende.

Molti hanno descritto questo periodo, trascorso

Louise Castèrot, madre di Bernadette.

a Bartrès, come un periodo vissuto nell'umiltà e molto raccolto spiritualmente.

Ciò contribuisce certamente a dare l'immagine di una ragazzina in sintonia con la natura circostante, che le permetteva di vivere in semplicità e di custodire una relazione costante con il soprannaturale.

Senza nulla togliere a questo ritratto spirituale, non possiamo comunque tacere le difficoltà e i limiti di Bernadette, come quello di non mangiare il pane di mais, che pur costituiva il sostentamento quotidiano. Ella, inoltre, non si mostrava abile nel

François Soubirous, padre di Bernadette.

sorvegliare i bambini, né nel condurre al pascolo le pecore. Tutte cose che provocavano i riproveri aspri della madrina che addirittura le rinfacciava di aver bevuto il latte del figlio morto. Eppure questa donna un tempo era stata gentile con Bernadette.

La promessa, inoltre, fatta dalla madrina ai genitori della piccola Soubirous, era quella di farle studiare il catechismo per prepararla alla prima

Interno del cachot, prigione dove abitava Bernadette durante le apparizioni.

comunione. Ma la poca preparazione spirituale della madrina e la scarsa conoscenza della lingua francese di Bernadette, che non riusciva a memorizzare il catechismo, fecero in modo che nel cuore della piccola riaffiorasse insistente il desiderio di frequentare le lezioni presso le suore di Nevers a Lourdes, nella prospettiva di un ritorno a casa.

Sebbene ignorante in religione, Bernadette conosceva tuttavia a memoria il *Padre Nostro*, l'*Ave Maria* ed il *Credo*.

Sapeva recitare il rosario e questo divenne il suo "libro fondamentale di teologia".

Come tante altre ragazzine, anche lei durante il mese di maggio avrà preparato altarini con fiori, alla santa Vergine, e recitato il rosario.

Nulla sapeva dei santuari mariani che erano nella sua regione, e nella sua pietà e semplicità, questo fu un segno della sua sincerità e della sua disponibilità a ricevere eventuali messaggi divini, senza condizionamenti pregressi.

Bartrès ancora oggi resta un mondo "incantato", che affascina il pellegrino che cerca di seguire i passi di Bernadette: poche case che sembrano chiedere scusa per il loro essere lì, raccolte intorno a quella chiesa dedicata a san Giovanni Battista, nella quale la nostra veggente parteciperà alla santa Messa. Ella guarderà con gli occhioni suoi, quella grande pala di altare che racconta i momenti più importanti della vita del Battista, dalla visitazione, al battesimo del Cristo, e per finire, al martirio.

Ma il fascino più grande non è tanto nella casa della balia, quanto nella *bergerie*, sulla montagna.

Lì, sembra di poterla incontrare da un momento all'altro, come se fosse andata a raccogliere il suo ultimo agnellino da riporre nella capanna prima di rincasare e di addormentarsi, ormai esausta, non senza aver cercato, purtroppo invano, di imparare qualche risposta di catechismo.

Per capire Bernadette occorre conoscere e visitare Bartrès.

Un giorno Bernadette dirà da Nevers: "Io sono venuta qui per nascondermi. La santa Vergine si è servita di me come una scopa usata dalla massaia per fare le pulizie, che poi viene rimessa al suo posto, io di questo sono contenta".

Questo spirito di nascondimento e di umiltà ha avuto una scuola particolare: il tempo trascorso a Bartrès.

La personalità di Bernadette

Dopo le apparizioni alla Grotta di Massabielle, centinaia e centinaia di persone cercarono in tutti i modi di avvicinare Bernadette, di parlarle o almeno solo incontrarla da vicino.

Ciò non fu facile ai più per i modi un po' bruschi di Bernadette che soprattutto cercava di schivare ogni atteggiamento di celebrità. Quello di conoscerla fu non solo un desiderio della gente comune, ma anche dei sacerdoti e per tutti loro il risultato era sempre uguale: Bernadette lasciava trasparire uno spirito bello ma anche sfuggevole, cioè indipendente; quando il parroco don Peyramale, per esemio, le proibì di andare alla Grotta, la fanciulla cercherà di attenersi alla proibizione. Con tanta semplicità dirà anche alla santa Vergine, che sarebbe tornata alla Grotta, ma solo con il permesso del parroco, anche se... dopo vi andrà anche contro il parere di don Peyramale!

Con i suoi comportamenti Bernadette esprime tutta la sua umanità fragile e nello stesso tempo un grande rispetto per ciò che ha vissuto. Sono molte le domande che le verranno poste, sia dai fedeli laici che dai sacerdoti, anche se questi saranno sempre un po' più puntigliosi dei primi. Ma lei sarà molto attenta soprattutto a quelle persone che si mostreranno desiderose di converrtirsi.

Per queste avrà un'attenzione particolare perchè esse vedono in Bernadette un modello di pietà e di maturità spirituale.

Riguardo al raccontare le apparizioni (cosa richiestissima dai visitatori), Bernadette sarà sempre riservata e risponderà solo se interrogata, non aprirà mai lei il discorso al riguardo. Al suo vescovo aveva scritto un giorno: "Io gusto la pace e la gioia più pura, felice e raccolta nel pio e santo asilo in cui Dio mi ha condotta", contenta cioè di scomparire, di diventare "niente". Un niente che verrà quasi dimenticato nella solitudine di un chiostro ma di cui il Signore farà una cosa grande.

Quando si parlava di lei, i suoi compaesani mettevano in evidenza sempre tre cose della sua persona: la sua semplicità, la sua povertà e la sua ignoranza.

È rimasta sempre quella ragazzina semplice che non si è lasciata cambiare da eventi più grandi di lei. Quando giungerà a Nevers, una postulante nel vederla se ne uscirà con una frase non proprio "lusinghiera": "Tutto qua è Bernadette?". E lei, avendo sentito, con semplicità estrema risponderà: "Sì, Bernadette è tutto qua". Così sarà anche quando le faranno vedere una sua foto messa in vendita per due soldi, nei magazzini di souvenir a Lourdes, e lei commenterà: "Si vede che anche in foto valgo proprio poco!".

Bernadette, insieme con la sua famiglia, è tra le persone più povere di Lourdes, ma senza imbarazzo e con una dignità grande.

La sua esperienza di grande povertà, che la segnerà profondamente, un giorno le farà scrivere: “Non dimenticate di vedere Nostro Signore nella persona del povero. Più il povero è ripugnante, più bisogna amarlo”. E aggiungeva: “Dobbiamo imitare la bontà di Gesù, guarire le ferite, invece di procurarle noi stessi”.

Quando un giorno a Giustino, suo fratello più piccolo, furono donate delle monete da alcune persone, ella lo rimandò a restituirle, e famosa resta la frase riguardo al denaro: “Mi brucia”. Tempo dopo, quando saprà che uno dei suoi fratelli vendeva dei souvenirs dirà: “Purchè non si arricchisca!”.

In famiglia era stata abituata, anche con i modi bruschi e forti di mamma Luisa, alla sottomissione. Dopo le apparizioni, per lei inizierà un nuovo stile di vita che comporterà anche l’impegno scolastico, per cercare di poter imparare a scrivere e rispondere, in seguito, anche alle numerose lettere. Ma il suo scrivere svelerà una cultura superficiale ed anche il racconto delle apparizioni testimonierà i suoi modi da “montanara”: esso è breve e diretto come anche le lettere, in cui promette a tutti il suo ricordo nella preghiera e chiede sempre, in contraccambio, preghiere per la sua persona sofferente.

La sua spiritualità sarà segnata da ciò che la santa Vergine le aveva confidato e vivrà calando nella propria vita quelle parole, certa che non si doveva attendere nulla di buono in questa terra ma solamente in cielo. Eppure lei ci dona un’immagine di una santità, di una tranquillità e di una forza rare da trovare in santi che l'hanno preceduta.

Anche il suo ingresso nel monastero di Nevers rappresenterà la tappa fondamentale per la sua crescita spirituale, nonostante le umiliazioni e le sofferenze inflittele dalla maestra di noviziato, Maria Teresa Vazou. Ciò che accadeva a Lourdes non la coinvolgeva più di tanto. A chi le domandava cosa ne pensasse dei lavori che facevano rispose: "La Grotta è stata il mio cielo".

Sintetizzando il suo itinerario spirituale dirà: "Io sono venuta qui (a Nevers) per nascondermi, la santa Vergine si è servita di me e poi mi ha rimesso al mio posto e io ne sono felice".

È bello a questo punto conoscere ciò che lei, ormai in convento, aveva fissato nelle sue note intime e che cominciano cosi è: "Quello che mi riguarda, non mi riguarda più; da questo momento devo appartenere interamente a Dio e a Dio solo. Mai a me stessa... Lui solo ormai, sarà la mia ricchezza".

E qualche pagina più avanti scriverà: "Non ho più niente per me, sono di Gesù...". E ancora aggiungerà: "Sapermi abbandonare, lasciarmi fare, lasciarmi spogliare, lasciarmi calunniare, disprezzare, rifiutare, lacerare...".

Chi ha officiato i suoi funerali ebbe a dire che lei era venuta in convento "per nascondersi, per perdersi, per morire a se stessa, per consegnare la sua vita al silenzio e alla sofferenza".

Al suo vescovo, ricordiamo, aveva scritto un giorno: "Io gusto la pace e la gioia più pura, felice e raccolta nel pio e santo asilo in cui Dio mi ha condotta". Contenta di scomparire, di diventare "niente". Di questo niente dimenticato nella solitu-

Bernadette con suor Alexandrine Roques.

dine di un chiostro, il Signore Gesù ha fatto, veramente, una grande cosa.

I suoi tredici anni vissuti in convento dimostreranno anche ai più scettici che lei è vissuta alla scuola della Croce.

Ha chiesto al Signore un grande amore per lui. Non si è mai ribellata. Avvertì che la sua passione sarebbe stata dura fino alla sua morte, ha rivissuto tutti i momenti della Passione di Gesù: con l'angoscia del Getsemani e l'abbandono del Calvario, ha conosciuto il vuoto del sabato santo. Si è identificata completamente con il Crocifisso. Vicina alla fine, quella fine che non veniva mai, incapace perfino di pregare, Bernadette volle che accanto a lei restasse soltanto il Crocifisso. "Questo mi basta", aggiunse: "io vorrei che entrasse nel mio cuore; ma le mie mani sono sempre in agitazione, non riesco a tenerlo. Legatelo al mio seno e stringetelo forte, affinché io possa sentirmi vicino la sua immagine". Un giorno aveva scritto: "Lui solo, amico fedele, tra le mie dita gelide porterò nella tomba."

Si potrebbe condensare il suo cammino spirituale in una frase degli ultimi anni della sua vita: "Ancora un giorno, al seguito di Gesù e di Maria, salendo faticosamente sul Calvario... E poi, con Gesù e con Maria, la Felicità, la Gioia, l'Eternità". "Coraggio, la Croce è il patrimonio degli amici che il Signore ama di più; quaggiù la sofferenza, in cielo la vera felicità".

Aveva ben imparato e soprattutto sperimentato ciò che la santa Vergine le aveva detto nella terza apparizione: “Io non ti prometto che sarai felice in questo mondo ma nell’altro”.

Quel “cielo” che si era guadagnata impoverendo il suo io nel nascondimento e nell’umiliazione, ma soprattutto con l’abbandono totale a una sola persona: il suo Sposo Gesù, il Figlio dolcissimo di “Aquerò”.

Le sofferenze terrene non fiaccheranno mai lo spirito della ragazzina di Massabielle.

Mi piace concludere e sintetizzare la personalità di questa piccola (140 centimetri in tutto) grande santa, con una sua preghiera che dà il senso di tutta la sua vita: “O Madre mia, il mio cuore perso nel tuo, non abbia altro volere, altro amore che la volontà del mio divino Maestro... Che io possa cominciare quaggiù l’amen eterno di chi già vive felice”.

La città di Lourdes

Quasi tutti coloro che hanno dedicato del tempo a scrivere dei libri su Lourdes, hanno cercato soprattutto di definirla attraverso la sua situazione geografica: una piccola città ai confini estremi della nazione, racchiusa nella vallata dei Pirenei. Le montagne fanno un po' da corona a questa cittadina che svolge la sua vita e la sua storia secolare all'interno di quella vallata! La neve sulle cime più alte dà una macchia di luce visibile in ogni stagione e ricorda la peculiarità di questi monti, disponibili ad accogliere i loro sciatori abituali. Qualcuno ha definito Lourdes "un luogo di passaggio" per pochi turisti che si recano a Barages o a Luz-St. Sauveur! Tutto ciò dona alla regione un certo suo particolare "colore": ancora al centro di un certo mondo di tradizioni di sapore di montagna, anche in campo civile e religioso.

Il polemista cattolico Louis Veuillot, legatissimo al santuario lourdiano, in uno suo testo scriverà: "una piccola città degli Alti Pirenei, molto vecchia, più attraversata che conosciuta (...) una borgata priva di quelle cose con le quali venivano catalogate città dagli allora 'luminari'. Vi si trovano delle grandi case, alberghi belli, dei caffè, un circolo fornito di giornali (...) un giornale locale, il *Lavedan*, della zona d'Argelès, moderato e disposto a credere tutto ciò che è attestato dal Commissario della Polizia e autorizzato dal sotto-Prefetto."

Il Veuileot vede Lourdes come una ribalta teatrale, in attesa che inizi l'opera.

Stessa idea che cento anni dopo avrà il biografo più importante della storia delle apparizioni della santa Vergine: Réné Laurentin, che la paragonerà alla scena descritta da Camus nel libro *La peste*: una popolazione che vive in una distorsione del tempo, che si prepara a degli avvenimenti importanti.

Lo scrittore, ad un secolo di differenza, trasmette quella stessa immagine che i Pirenei romantici evocano nella vita rude e normale dei suoi abitanti, che invece, elogiano la vita cosmopolita parigina, senza vedere le difficoltà di vita sempre maggiori già presenti nella prima metà del secolo.

Vista da Parigi, Lourdes non è altro che un piccolissimo punto ai bordi della carta della Francia. Una piccolissima città isolata, prima dell'arrivo della ferrovia. Ci volevano trentadue ore per andare da Bordeaux a Bagnères de Bigorre. Insomma un tragitto che già il solo farlo era una penitenza che superava quelle dantesche dell'inferno!

Aveva un suo monumento importante: il castello che risaliva ai tempi di Carlo Magno e che aveva fatto da barriera, nei secoli passati, alle invasioni degli arabi-mussulmani.

In un certo senso ciò che sarà Lepanto e Vienna

per la difesa dell'occidente, della sua cultura e della religione cristiana: questo era stato la fortezza di Lourdes!

Oggi il castello è un museo delle arti e tradizioni dei Pirenei, con una ricostruzione in scala dei più importanti castelli della regione, ed è soprattutto un'attrazione unica per gli appassionati di foto. Ai suoi piedi si snodava la cittadina di Lourdes, niente che potesse richiamarne l'attenzione! La via principale che attraversava tutta la cittadina era "via san Pietro".

A sinistra e destra vi erano gli edifici pubblici: la primitiva chiesa parrocchiale, che è andata a fuoco agli inizi del ventesimo secolo, facendo posto alla piazzetta con il monumento ai caduti è stata poi ricostruita qualche decina di metri più in là con il suo campanile che domina la città; vi era innoltre il Comune, la sede della Polizia, e di fronte a questi, il palazzo Cenac dove viveva Jacomet.

Al sud della strada vi era la piazza Mercadal, dove si riunivano i notabili della città nel caffè.

Nella zona nord della città, si trovava invece l'Ospizio delle Suore di Nevers (oggi sede dell'Ospedale della città), dove Bernadette andrà a catechismo e soprattutto dove vivrà alcuni anni dopo le apparizioni, prima di prendere la decisione di andare a farsi religiosa tra le suore appunto della Carità di Nevers.

Religiosamente parlando, la parrocchia di Lourdes aveva cinque sacerdoti (tre vicari, l'abate

Pomian che era il confessore di Bernadette, e il parroco, don Dominique Peyramale).

Ma nell'assetto diocesano, Lourdes non era di primaria importanza, così come lo era nella società civile, in competizione con altre cittadine limitrofe (Cauterets e Bagnères) con le loro stazioni termali.

In conclusione gli abitanti della Bigorre o di Lourdes, nella loro varietà dei costumi, rappresentavano un aspetto molto caratteristico della tradizione francese ed erano considerati come una "riserva", tipo quella indiana in America.

Già dagli anni intorno all'epoca delle apparizioni, la cittadina contava solo quattromila abitanti con circa centoventi notabili tra professionisti, medici ed un numero uguale di commercianti.

Il resto della popolazione era formata da lavoratori manuali, soprattutto tagliatori di pietra e di ardesia nelle montagne e lavoratori a giornata che non avevano un posto fisso, ma si adattavano a qualsiasi lavoro: diverso un giorno dall'altro.

Lourdes era una città economicamente poco influente nel bilancio finanziario della zona: le sacche di povertà erano grandi!

A quest'ultima categoria apparteneva anche il papà di Bernadette Soubirous.

Di certo, la zona di Lourdes non era generosa con i contadini: la terra da coltivare era poca e spesso è stata anche insalubre.

Gli animali (pecore e mucche) saranno una

fonte di guadagno per i lourdesi, ma anche un motivo di particolare sofferenza quando, soprattutto in inverno, delle malattie decimeranno non solo gli uomini, ma anche appunto gli animali.

I Soubirous soffriranno molto per la crisi che segnerà soprattutto gli anni 1853-1857 e, quando ci saranno le apparizioni, l'economia di casa Soubirous sarà distrutta.

Moltissimi, e non solo in questi anni di crisi, cercavano di sbarcare il lunario facendo i contrabbandieri (soprattutto i giovani, le donne, i ragazzi). Il vicino confine era l'occasione spesso per mettere in discussione la propria identità francese.

Il sentirsi "basco" è una delle dichiarazioni più spontanee che si possono ancor oggi sentire da molti lourdesi "doc", in risposta alla domanda sulla loro precisa origine!

La cittadina di Lourdes, con i suoi quattromila abitanti, nel 1858 viveva il suo quotidiano sapendosi oggetto di scarsa attenzione da parte di tutta la nazione. La Francia laica, fiera del suo motto rivoluzionario "libertè, egalitè, fraternitè", si appresterà a breve ad essere scossa, volente o nolente, e a fare i conti con la ragazzina più stupida di Lourdes e con questo paesino che non offriva molto.

Da più di centocinquanta anni però il suo nome è uno dei più conosciuti in tutto il mondo, usato in maniera religiosa da miliardi di persone, disprezzato da altri. Anche se gli stessi francesi si ostinano a non volersi confrontare con questa storia particolare che attira poveri e potenti, credenti ed atei, in un turbinio di giudizi, la storia delle apparizioni resta lì presente alla coscienza dell'uomo con le sue domande inquietanti come non mai!

E mentre il fiume Gave che l'attraversa correndo veloce, sembra volersi portar via tutte le polemiche e spazzare i milioni di visitatori annuali, per lasciare all'uomo il suo alveo naturale in una città fuori da ogni schema artistico (visto che qualcuno l'ha definita la città della bruttezza), resta da porre l'unica domanda di tutta la storia: "Cos'è successo l'11 febbraio 1858 alla Grotta di Massabielle?".

Foto di Lourdes all'epoca di Bernadette (1863).

La spiritualità di Lourdes prima delle apparizioni

Le apparizioni sono sempre un grande richiamo ed un risveglio particolare soprattutto, per quelle anime semplici e evangelicamente parlando, hanno sempre segnato la vita ed il cammino degli uomini lì dove sono accadute. Anche per la città di Lourdes saranno l'occasione per un forte risveglio di fede e di anticlericalismo.

Non si può misconoscere infatti, storia alla mano, che le apparizioni accentuano una certa crisi e d'altra maniera sono di consolazione spirituale.

Lourdes non è avulsa da tutto ciò.

Essa è una piccola cittadina, in un certo senso coinvolta in altri pellegrinaggi verso santuari celebri: Montserrat e San Giacomo di Compostella.

Quasi contemporaneo di Lourdes, è il vicino santuario di Bétharram, (Nostra Signora del Buon Ramo, dove si racconta del salvataggio miracoloso di una ragazza caduta nel fiume Gave e salvata miracolosamente dopo aver invocato la santa Vergine, per mezzo di un ramo che si è "chinato" verso di lei per salvarla).

La gente di Lourdes viveva quindi un retaggio spirituale proveniente dal Medio Evo che si intrecciava con le manifestazioni della santa Vergine e la realtà dei miracoli. Raccontare quella che era la vita quotidiana significa spesso anche scorgere un pizzico d'intervento divino in ogni istante della vita.

Persino lo scettico don Dominique Peyramale, parroco a Lourdes al tempo delle apparizioni, racconterà un giorno ad un fratello come "miracolosamente" sia stato scortato nei boschi da una muta di lupi, molto tranquilli, inviati dalla Divina Provvidenza!

Essendo una cittadina un po' isolata e con non molte vie di comunicazione, Lourdes resterà legata ad un misto di religione, e di varie tradizioni che spesso si confondevano con antiche credenze popolari. In tutta la regione dei Pirenei per esempio si celebrava la festa di san Giovanni Battista con il solstizio d'estate e la fioritura delle rose, con le quali si adornavano le fontane locali... senza il permesso dei sacerdoti.

Sarà forse anche per questo retaggio che diventano importanti i segni dell'acqua, nella storia delle apparizioni? Le feste patronali venivano celebrate con lo stesso entusiasmo popolare profano, nonostante la bravura del sacerdote predicatore, chiamato, per l'occasione pere rinvigorire l'ortodossia dei lourdesi fedeli. Il carnevale poi era una delle occasioni più eclatanti in cui si manifestava il desiderio di far festa ad ogni costo, pensando alla prospettiva delle penitenze che si dovevano fare in Quaresima!

Eppure bisogna far notare che la santa Vergine, nella zona dei Pirenei, era "di casa". In un'area di circa venticinque chilometri intorno a Lourdes si possono contare ben quaranta chiese o luoghi dedicati alla santa Vergine. Persone singole e gruppi parrocchiali andavano spesso in pellegrinaggio a piedi e si mettevano anche in ginocchio, per adempiere dei voti o per chiedere grazie particolari o per penitenze da soddisfare...

Approfondendo la storia delle apparizioni a Lourdes e la vita della gente dei Pirenei, il lettore attento, facilmente riscontrerà la "preferenza" della santa Vergine per le persone semplici (soprattutto ragazze e pastori).

Saranno proprio i pastori, abituati ad una vita solitaria e a sapere "leggere" i segni della natura e delle stelle, ad infondere un certo "rispetto" per questi luoghi pieni di tradizioni e di storia, pur nella loro scarsa cultura. Ovviamente le apparizioni precedenti erano avvenute in posti fuori da ogni possibile immaginazione: spesso in anfratti naturali. Così sarà anche per le apparizioni del 1858: la Grotta e la sorgente sono fuori dalla città e la distanza dalla chiesa parrocchiale di allora era tale, da dare un certo senso di tranquillità riguardo all'attendibilità delle testimonianze sulle apparizioni.

È da far notare che certamente Bernadette conosceva la storia del santuario di Bétharram, dove si ricordano alcune sue visite prima delle apparizioni.

che riceverà dalla santa Vergine, e conosceva anche il vicino santuario di Garaison. Tradizioni, storia e leggende diventeranno tutt'uno con la fede e con il sentire della popolazione.

Un certo "Vangelo apocrifo delle apparizioni mariane" era custodito nel cuore dei semplici... Fra le tante storie popolari mi piace raccontare quella che si attribuisce a Bernadette. Un giorno la sua nutrice era in pena perché non aveva nulla per preparare la cena, se non un pugnetto di farina. Chiese allora a Bernadette di andare nel vicino mulino a domandare un prestito di farina. Bernadette, di fronte al grave problema della sua madrina, le rispose di non turbarsi perché lei avrebbe preparato la cena con quel pugno di farina. Infatti questa aumenterà tra le mani di Bernadette e sarà sufficiente per qualche altro pasto ancora!

La fede era anche manifestata all'esterno attraverso l'appartenenza a quelle che erano le confraternite che risalivano ai primi secoli del Medio Evo.

A Lourdes, un gruppo particolare per le ragazze era quello delle Figlie di Maria.

La piccola Bernadette sognava di poter appartenere alle Figlie di Maria con il loro vestito bianco e la cinta azzurra! Ma non aveva fatto la Comunione perché non riusciva ad imparare il catechismo!

Eppure, nonostante la povertà e l'emarginazione nel contesto sociale, la famiglia di Bernadette rimase rispettosa di quelli che erano i precetti della vita cristiana, partecipando a tutte le funzioni parrocchiali.

Con tutta la sua povertà Bernadette non dimentica mai le preghiere né la partecipazione alla santa Messa; quando incontrerà la santa Vergine la prima volta, tirerà fuori il suo rosario e inizierà a recitarlo... come di consueto faceva quando aveva paura. Nonostante il lavoro che svolgeva a Bartrès, aveva un sogno nel cuore che non abbandonò mai: fare la Prima Comunione!

Per questo un giorno, agli inizi del 1858, lascerà Bartrès per ritornare a Lourdes e tentare finalmente di ricevere il sacramento dell'Eucarestia.

Questo breve excursus ci mostra che Lourdes era una cittadina, nonostante tutto, impregnata di sensibilità religiosa. La si mostrerà in maniera particolare durante le apparizioni. I suoi abitanti certamente non erano dei cristiani ortodossi, ma di sicuro respiravano un clima ed una sensibilità spirituale che non lascerà indifferente nessuno di fronte agli avvenimenti futuri.

Ancora oggi la città di Lourdes, centocinquanta anni dopo quei fatti, ogni 16 febbraio si reca in processione, partendo dalla parrocchia del Sacro Cuore fino alla Grotta, accompagnando le reliquie della sua cittadina più conosciuta nel mondo. È grazie a quest'ultima che Lourdes è diventata la "capitale mondiale dei pellegrinaggi" ed oggi vive agiatamente; con i suoi trentamila posti letto accoglie pellegrini da tutto il mondo, con uno snodo ferroviario importantissimo ed un aereoporto.

Non tutti i lourdesi oggi sono credenti, ma sono tutti riconoscenti a Bernadette che li ha resi famosi nel mondo e ricchi in casa.

La Grotta al tempo delle apparizioni.

Il luogo delle apparizioni: la Grotta

Molto differente da come appare oggi al pellegrino che si reca là in preghiera, la Grotta di Massabielle era un luogo ben conosciuto dai ragazzi, che vi si recavano per delle cacce alla scoperta di eventuali tesori o di novità selvagge. Era conosciuta anche dai poveri, quale luogo di ammasso di ossa e di pezzi di alberi, che potevano essere occasione per racimolare con la loro vendita qualche vecchio franco...

Erano due le strade che portavano a quella vecchia roccia.

La più comoda era quella che, uscendo dalla vecchia porta della città di Lourdes e prendendo il ponte vecchio, arrivava alla strada dei boschi prima di girare a destra per attraversare le deviazioni del canale che forniva l'acqua al mulino dei Savy.

L'altra strada era molto più difficile: per poterla fare bisognava continuare sulla strada del bosco e andare verso il fianco del dosso delle Espelugues, passare sopra il roccione di Massabielle, andando verso la direzione dei villaggi d'Omexe e Segus e da lì, con una discesa pericolosa, si poteva raggiungere la Grotta vera e propria.

La Grotta in parte era sommersa anche dall'acqua del fiume Gave e Bernadette dirà un giorno che quando la Madonna le appariva si doveva appoggiare ad una pietra rettangolare e a qualche cespuglio...

Intorno alla Grotta vi era un ambiente somigliante ad una stalla: gli abitanti della zona vi lasciavano pascolare le loro vacche soprattutto durante la notte, certi che nessuno le avrebbe notate, e i ragazzi vi si portavano per cercare di avere una zona dove fermarsi per pescare le trote...

Fino alla data delle apparizioni il porcaio di Lourdes, Paul Layrisse, detto Samson, passava al mattino verso le otto (d'estate alle cinque!) suonando il corno per invitare i proprietari di maiali ad affidargli le loro bestie per portarle a pascolare.

La gente faceva uscire i loro maiali che sarebbero ritornati alla sera: si trattava di vedere una "processione" che raggiungeva anche il numero di centocinquanta animali!

Era la Grotta di Massabielle la tappa finale di quel cammino quotidiano.

Quell'incavo quindi era sporco, coperto di sangue e di peli di maiali!

La figlia del proprietario dell'hotel di Lourdes, per "apostrofare" nella maniera più cattiva qualcuno per la mancanza di educazione, aveva una battuta terribile: "È stata educato sulla sponda della Grotta di Massabielle!"

Alle grotte e ai boschi erano legate storie di apparizioni o visitazioni divine e gli anziani ricordavano i detti dei loro padri che avevano preannunciato degli eventi soprannaturali legati a questi anfratti!

Ora l'esistenza di questo tipo di leggende, sia prima che dopo i nostri avvenimenti, ci consente di comprendere come la popolazione locale era disposta facilmente a credere che Bernadette poteva ben aver visto qualcosa di straordinario e che effettivamente tutta la storia poteva essere legata alla Vergine Maria!

Ricostruzione computerizzata della Grotta.

La roccia nella quale è scavata la Grotta è in realtà un massiccio di ventisette metri di altezza. La Grotta vera e propria misura 3 metri circa di altezza e 9,50 metri di profondità e quasi 10 metri di larghezza. Essa si compone di tre aperture disuguali: la più grande è diventata il luogo di celebrazione della Messa. Sopra, un po' a destra, si situa un posto ogivale di 2 metri d'altezza. È il posto dove la Vergine Maria apparve tra l'11 febbraio e il 16 luglio. Nell'incavo verrà poi posta la statua alta un metro e ottantotto centimetri ritraente l'atteggia-

mento che ha assunto la Vergine quando ha detto: "Io sono l'Immacolata Concezione".

La statua, realizzata da Joseph Fabisch, professore della scuola delle belle Arti di Lione, e donata da due persone di Lione, fu installata in quel posto il 4 aprile 1864. Prima di questa devozione popolare furono installate varie piccole statue, che le persone che frequentavano le apparizioni, riempiranno di fiori e di regali vari.

Tutto ciò veniva fatto come se ognuno sentisse la statua "sua" e al riguardo c'è la testimonianza di Dominiquette Cazenave che scriverà più tardi che "la Vergine sembrava incoraggiare questi atti di testimonianza di fede dei fedeli".

La primissima statua della Vergine Immacolata, in ferro, sarà fornita dalla famiglia di Giustino Cassou. Tutto ciò non farà altro che aumentare il fervore spirituale.

Nella Grotta molti porteranno regali e lo stesso commissario Jacomet (quello che interrogherà Bernadette), riferirà con amarezza di aver visto tanti poveri versare generosamente i loro spiccioli: "... noi abbiamo visto nei raccoglitori delle offerte, una sola moneta d'oro. Vuole sapere signor prefetto chi l'ha offerta? Un malato di Tarbes, un certo Jacquet, paralizzato da circa 12 anni, padre di una numerosa famiglia, che si è fatto portare sopra un carro a Lourdes e dopo è stato accompagnato, seduto su una sedia, da alcuni portatori fin giù alla Grotta ed è stato il primo a gettarvi una moneta d'oro di dieci franchi".

La Grotta, quindi, accoglierà anche tanti doni e segni devozionali dalla gente, soprattutto dai più poveri. Sul suolo, a sinistra di fronte alla Grotta, la posizione esatta dove si trovava Bernadette è

La statua della Grotta realizzata da Fabisch.

ricordata da una lapide: “Qui pregava Bernadette l’11 febbraio 1858”. In fondo alla Grotta, a sinistra dell’altare, si può vedere scaturire la fonte che Bernadette scoprì su indicazione della Madonna il 25 febbraio 1858. Quest’acqua è oggi incanalata verso le fontane e le piscine. Dietro l’altare si trova uno scrigno, dove ciascuno può depositare le sue intenzioni di preghiera; dinanzi, una lapide a terra ricorda le due visite di Giovanni Paolo II e di Benedetto XVI. Oggi la Grotta è uno dei luoghi più frequentati al mondo, con circa sei milioni di pellegrini ed ospiti ogni anno.

Tra il 1858 e il 1900, si è fatto arretrare in due volte il letto del Gave su una lunghezza di 350 metri ed una larghezza di circa 28 metri. Il fiume (che aveva attraversato Bernadette) ed il ruscello di Merlasse, sono stati deviati più a monte. Si è riempito il loro vecchio letto, ricavando così dinanzi alla Grotta, un piazzale sufficiente per accogliere molte migliaia di pellegrini.

Per entrare nella Grotta delle Apparizioni, i pellegrini procedono con pazienza lungo la roccia, iniziando dal lato dei rubinetti dell’acqua.

Una volta giunti in questo luogo santo, pregano e si raccolgono dinanzi alla sorgente, toccano le pareti della Grotta per ringraziare Maria, Madre di tutti gli uomini, e per esprimere la loro fede in Dio. “Ti amo Signore, mia forza, Signore, mia roccia e mia fortezza, mio liberatore”. Toccare la roccia rappresenta l'abbraccio di Dio, solido come la roccia.

In questa Grotta la prima Messa, con circa trecento sacerdoti e più di ventimila fedeli, sarà celebrata con un altare posto di fronte alla statua.

Era il giorno dell'inaugurazione della prima Chiesa, l'attuale cripta, con la partecipazione di Bernadette: era il lunedì di Pentecoste del 1866.

In tasca Bernadette aveva tre piccole pietre e su di ognuna aveva scritto un nome: "Nevers casa madre", sulla seconda "Lourdes" e sulla terza pietra "La Grotta".

Quella pietra con scritto "Grotta" sarà il filo conduttore della sua vita, dall'11 febbraio fino al letto di morte.

Eppure, di quella Grotta che tanto amava, un giorno dirà: "È tutto talmente cambiato, che mi ci riconosco appena!".

Ognuno dovrebbe avere in tasca un piccolo sassolino con su scritto "Grotta", non tanto per vivere di ricordi, ma per impegnarsi ad essere un sassolino vivo che costruisce ogni giorno la Chiesa: pietra viva di Cristo.

Veduta di Bartrès.

Bartrès: il tempo del ritiro

Quando si parla di Bernadette occorre anche ricordare un periodo particolare della sua vita che ha fatto da cammino propedeutico all'incontro con "Aquerò". Ci si riferisce al periodo di tempo da lei trascorso nel silenzio del piccolo villaggio, solo a qualche chilometro da Lourdes, che ancora oggi conserva intatto il suo raccoglimento e il suo silenzio. Anche il pellegrino più distratto, può ritornare indietro, al tempo di Bernadette, con l'ascolto del canto del gallo, dello scorrere dell'acqua della "fonte di Bernadette", con il chiacchiericcio dell'unico bar di fronte al Comune e con il lavatoio pubblico in bella mostra!

A Bartrès il tempo sembra essersi fermato! Al tempo di Bernadette il villaggio contava circa trecentocinquanta abitanti, oggi un centinaio di più: è rimasto come allora, solo e sempre un piccolo villaggio! È una piccola edicola con la statua di Bernadette che ti accoglie, a poche centinaia di metri dal villaggio, sotto la strada che porta alla Bergerie, insieme al piccolo monumento con il crocefisso, all'incrocio delle strade: da centocinquanta anni e più essi stanno ad indicarti che si è arrivati. Questo era ed è il piccolo mondo con l'aria ancora buona che faceva bene ai polmoni di Bernadette! Due volte Bernadette è stata a Bartrès: la prima volta era piccolissima. La mamma Luisa, una sera, come abbiamo detto, cadrà accidentalmente sul fuoco del camino di Boly e si brucerà una mammella. Si andò così alla ricerca di una balia per allattare la primogenita, come si usava fare a quei tempi. L'amicizia con Maria Aravant, sposata Lagues, sarà la soluzione al problema della famiglia Soubirous. Maria Aravant aveva perso il proprio bambino Giovanni, di soli 13 giorni, il 23 novembre.

Sarà Maria ad accettare la richiesta di fare da balia alla figlia dei Soubirous e Bernadette resterà con lei fino al marzo del 1846, anche dopo il periodo dell'allattamento, perché nel frattempo Luisa stava per mettere al mondo una nuova creatura.

Maria comunque, benché pagata per questo servizio dai Soubirous, tratterà Bernadette nutrendo un po' d'invidia verso la piccina perché il suo Giovannino invece, se n'era andato presto.

Bernadette quindi ritorna a Lourdes e passerà lì dieci anni. Sarà la situazione catastrofica, economicamente parlando, dei suoi genitori e l'ambiente malsano del Cachot, che renderanno necessario il secondo ritorno di Bernadette a Bartrès. Il contesto ambientale per lei era pesante e le costanti crisi di asma che l'affliggevano sin dall'età di sei anni (conseguenza del colera che l'aveva colpita nel mese di ottobre 1855 e dal quale si era salvata a malapena) non potevano far altro che aggravare la sua situazione personale.

La permanenza al Cachot deve assolutamente essere interrotta... Bernadette quindi tornerà a Bartrès per la seconda volta, chiamata da Maria Lagues per essere aiutata nelle faccende di casa alla fine dell'estate del 1857. La fattoria, che ancora oggi si conserva ed è visitata da moltissimi pellegrini, aveva bisogno di lavoratori e Bernadette andrà a rinforzare l'opera che già prestava Giovanna Maria Garros.

A lei però spetterà di interessarsi dei figli di Maria, Giustina di 4 anni e Giovanni Maria di 2, delle faccende di casa, di andare a prendere l'acqua e portare la legna.

Due altri figli più grandi, Dionigi o Zefferino di 11 e Giuseppina di 9, vanno a scuola... Cosa negata a Bernadette!

Lei dovrà impegnarsi in maniera particolare

Casa Laugues, dove Bernadette abitò durante il periodo in cui fu allattata dalla nutrice.

ad accompagnare un gregge di pecore e di piccoli agnelli al pascolo, all'uscita dal villaggio verso Lourdes, dove oggi si trova la capanna o la "bergerie", nella zona detta di "Puyono".

Lo farà con diligenza da persona adulta, tanto che la sua balia-madrina un giorno dirà: "Non si lamenta mai di niente e di nessuno, è ubbidiente a tutti e non dà mai una cattiva risposta a nessuno".

L'unica compagnia di queste giornate sarà Maria-Elena Lamathe, pastorella come lei: Bernadette passerà il suo tempo a Bartrès a lavorare, senza poter andare a scuola come i figli di Maria.

Resterà analfabeta fin dopo le apparizioni e il linguaggio usato per parlare sarà solo e soltanto il "bigourdain"... anche con "Aquerò!".

La promessa che aveva fatto la sua madrina e nutrice ai genitori era quella di insegnarle il catechismo come "ricompensa"... ma non la manterrà, anche perché il catechismo che voleva insegnarle, era in francese: lingua estranea a Bernadette.

Ma pur senza nessuna formazione catechistica, lei sapeva pregare: l'aveva imparato dai suoi genitori, dal loro esempio.

Ogni sera a Lourdes era abituata con tutta la famiglia a mettersi in ginocchio sul pavimento umido e freddo e a recitare con loro a voce alta le preghiere! Il suo pensiero infatti era solo uno: fare la Prima Comunione! Potrà sembrare strano, ma invidiava i bambini di Bartrès che alla domenica si accostavano all'altare a ricevere l'Eucarestia, mentre lei doveva restare nei banchi... Alle sue orecchie risuonavano le parole della madrina quando qualche sera cercava inutilmente d'insegnarle qualcosa di catechismo: "Mai, non saprai mai niente, non potrai fare la Prima Comunione". Davanti a quelle parole, la piccola abbracciava la madrina e piangendo le chiedeva perdono.

Dopo poco tempo anche il parroco lascerà Bartrès, vi sarà di conseguenza anche qualche difficoltà per il catechismo dei bambini e per la Messa domenicale. È allora che Bernadette non si scoraggia, ma decide di tornare a Lourdes.

La Bergerie, qui Bernadette rimetteva il gregge della sua nutrice dopo il pascolo.

Domenica 17 gennaio domanderà ai coniugi Lagùes il permesso di andare a casa con l'impegno, come sempre, di ritornare il lunedì mattina... ma qualche volta tornerà a Bartrès solo il mercoledì.

I genitori, dopo aver ascoltato lo sfogo della loro figlia, decidono che potrà tornare a casa, e che s'impegneranno a mandarla presso l'Ospizio delle Suore di Nevers per la scuola, e soprattutto, per prepararsi alla Prima Comunione.

Tornata a Bartrès racconterà tutto ai coniugi Lagùes e il giovedì mattina s'incamminerà verso Lourdes, per sempre, con un sogno grande: andare al catechismo e fare la Prima Comunione!

Nonostante tutto, Maria Lagùes resterà legata a Bernadette. Un testimone dell'epoca scrive: "Ogni volta che si recava a Lourdes, lei metteva nel suo cesto di viaggio un mazzetto di fiori, una pagnottina, un ricordino qualsiasi, per far contenta Bernadette. E lei, da parte sua, era rimasta molto affezionata alla sua balia che chiamava "Madrina" e una volta l'anno, si recava a Bartrès per portare un saluto alla sua seconda madre".

La Vergine santa, che aveva parlato al cuore di Bernadette in questi pochi mesi di permanenza a Bartrès, nel silenzio della bergerie, l'aspettava per un'avventura che avrebbe sconvolto la sua vita e quella di ben ottocento milioni di persone (tante sembrano essere le persone che si sono recate a Lourdes in centocinquanta anni!).

E lungo quel tratto di strada, poco frequentata e segnata dai solchi lasciati dai carri, che la separava da Lourdes, non pensava che ad una sola cosa: rivedere la sua famiglia e poter tornare a vivere con loro.

Ovviamente non riesce neanche a scorgere da lontano quella Grotta con il nome in dialetto di Massabielle.

Lei non ne conosceva neanche il nome, anche se a Lourdes, per offendere qualcuno e dargli del maleducato si diceva: "Ma sei stato allevato a Massabielle?"

Bernadette non era mai stata in quel luogo prima dell'11 febbraio!

Interno della casa della nutrice di Bernadette.

I baci e l'affetto dei suoi cari le fecero vedere il Cachot in una luce nuova e con un desiderio solo: non ripartire più e finalmente frequentare, come tutte le ragazzine del paese, la scuola di catechismo delle Suore di Nevers.

Avrà ancora delle notti in bianco per la forte tosse dovuta all'asma e il pane sarà poco per sfamare tutti ma... era ritornata a Lourdes dai suoi!

La vita di Bernadette era tornata quella di sempre e nulla le faceva prevedere, nella sua mente, che tra ventitré giorni tutto sarebbe totalmente cambiato: sarebbe uscita dall'anonimato e dal disprezzo dei suoi concittadini per divenire la ragazzina più importante del suo paese, della Francia e, man mano, del mondo cattolico, e non solo.

La Madonna l'aveva scelta come sua messaggera e confidente per tutti gli uomini di buona volontà!

La Grotta oggi.

Le *apparizioni*

Bernadette Soubirous è legata alla storia nata alla Grotta di Massabielle.

Nessuno si sarebbe interessato a lei se non vi fosse stato quell'avvenimento che dopo centocinquanta anni ha richiamato in quella cittadina più di sei milioni di persone. La sua vita sarà un connubio con la "Bianca Signora".

Il 1858 in Francia si caratterizzerà per due grandi avvenimenti: l'attentato all'imperatore Napoleone III, avvenuto un mese prima dei fatti di Massabielle, e gli avvenimenti legati a Bernadette Soubirous.

Quell'11 febbraio nella tradizione popolare era un giovedì grasso, ma molto "magro" in casa Soubirous: non vi era nulla da mangiare e neanche un pezzo di legna era disponibile per accendere quel camino al cachot. L'andare a Massabielle a raccogliere legna e ossa vecchie da rivendere, era una cosa che Luisa, la mamma di Bernadette, aveva fatto tante volte.

In casa Soubirous quella mattina arrivò l'amica di Bernadette, Gianna Abadie, soprannominata "Baloum" (grande). Fu lei a convincere Luisa a mandare Bernadette a Massabielle, insieme a sua sorella Toinette, per raccogliere legna. Luisa acconsentì con la solita raccomandazione per Bernadette: di coprirsi per non prendere freddo.

La storia di Lourdes aveva inizio! Bernadette andava ad incontrare il Cielo!

Nessuno lungo la strada des Petites Fosses, sentendo quegli zoccoli e quel parlare fitto fra risolini, pensava che stesse accadendo qualcosa che avrebbe trasformato e frastornato tutta la città! Le tre ragazze s'incamminarono lungo il Ponte vecchio per andare verso il mulino di Savy.

Esterno del cachot.

Arrivarono facilmente alla vecchia roccia, le due compagne buttarono gli zoccoli sull'altra riva e, alzandosi le gonne con un braccio mentre con l'altro portavano il cesto, attraversarono il canale invitando Bernadette a fare lo stesso.

Questa, inutilmente, domandò a quelle di aiutarla a gettare qualche pietra nell'acqua per passare.

Allora cercò d'inginocchiarsi e di togliere le calze per non bagnarsele e poter poi riprendere il cammino con i piedi asciutti ma, proprio in quel momento, sentì un colpo di vento. Si guardò intorno e la sua attenzione fu attratta dalla nicchia nella roccia, dalla quale le sembrava venisse il vento. Niente appariva di insolito, quand'ecco una seconda ventata, più forte della prima, avvolse lo spazio intorno a lei...

Fu allora che, prestando più attenzione, all'interno della cavità vide una forte luce, in mezzo alla quale apparve una bella signora, che le sembrò molto giovane e pressappoco della sua statura. Portava un vestito bianco con una cintura blu e una rosa gialla su ciascuno dei suoi piedi. Un velo bianco le copriva la testa e scendeva lungo le spalle, fino a terra.

Bernadette provò una sensazione di paura e cercò di chiamare le sue due compagne, ma non ebbe il coraggio necessario. Dopo essersi sfregati gli occhi per vedere meglio ciò che le stava succedendo, tirò fuori la corona del rosario. Allora anche la Bianca Signora iniziò la stessa preghiera, facendo un segno di croce così solenne, che la fanciulla non lo dimenticherà mai più!

Qualche minuto dopo, l'apparizione era svanita e pian piano anche la nuvola di luce che la circondava. Bernadette era ancora inginocchiata quando Toinette e la loro amica la chiamarono perché le aiutasse; non avendo attenuto risposta, la sorella disse che forse Bernadette era morta. La grande Baloum rassicurò Toinette dicendole che "i morti di solito stanno coricati e non in piedi". Bernadette intanto si era ripresa dall'apparizione, potè togliersi l'altra calza e attraversò il canale sollevando il vestito che portava.

Cominciò anche lei a raccogliere legna e, al suono di mezzogiorno, andarono via. Bernadette cercava, lungo il percorso, di scorgere nelle due compagne se vi fosse qualche cosa che potesse farle capire che anche loro "avevano visto...".

Alla fine le interrogò chiedendo loro se avessero scorto qualcosa. La curiosità di sua sorella e della Baloum furono più grandi e lei raccontò quello che aveva visto, facendosi però promettere da loro di non dire assolutamente nulla.

Ovviamente fu la prima cosa che sua sorella fece con la loro madre, quando tornò al cachot.

Come risposta Luisa, intanto diede uno schiaffo a Bernadette per queste sue allucinazioni e poi le proibì di tornare a Massabielle.

Anche l'amica Baloum nel frattempo pensò bene di raccontare la storia in giro per Lourdes.

Domenica 14 febbraio, dopo la Messa parrocchiale, alcune loro amiche che erano venute a conoscenza del fatto, convinsero Bernadette a tornare a Massabielle, dopo aver strappato il permesso a mamma Luisa. Questa volta però Bernadette pensò bene di portarsi dell'acqua benedetta, prelevata dall'acquasantiera della chiesa parrocchiale, per ogni evenienza...

Inginocchiata davanti alla Grotta, iniziò a pregare il rosario ma dopo la prima decina, nella nicchia, tornò quella luce della prima volta ed in mezzo vide "Aquerò" (quella là) che le sorrideva. È allora che Bernadette le butterà l'acqua benedetta dicendo: "Se venite dal cielo restate, altrimenti andate via". Ma più le gettava l'acqua benedetta e più "Quella là" sorrideva. Bernadette andò in estasi e le amiche intorno si spaventarono: la scuotevano... non rispondeva... sembrava morta.

Il mugnaio Nicolau, richiamato dalle grida di paura delle compagne, accorre e tenta di portarla a casa, ma si fermerà al mulino dei Savy.

Giungerà anche la mamma di Bernadette chiamata dalla sorella Toinette. Luisa inizierà a picchiare Bernadette dicendole: "È tutta un'illusione. Non devi più andare a quella Grotta".

Ma il 18 febbraio la fanciulla vi tornerà ancora e, questa volta, con tanto di benestare della mamma, strappato dalla signora Milhet, presso la quale Luisa andava a lavorare.

La signora Milhet vuol cercare di capirci qualcosa e porta inchiostro, penna e calamaio (gli strumenti di lavoro dell'ufficiale giudiziario Pyret) per far scrivere alla Signora, eventualmente, il suo nome.

È mattino presto quando giungono alla Grotta. Bernadette presenta alla Signora la carta e la penna dicendole: "Volete usarmi la bontà di scrivere il vostro nome e quello che desiderate da me?". E, per la prima volta avrà modo di ascoltare la voce di quella Bianca Signora che l'aveva già incantata con il suo sorriso. "Aquerò", parlando in dialetto e dandole del voi, le dice: "Volete farmi la grazia di venire qui per quindici giorni?". Bernadette è confusa, dirà un giorno: "Mi dava del voi, mi trattava come una persona"; lei che era considerata una stracciona! E Bernadette le risponderà senza esitazione: "Sì... con il permesso dei miei genitori". Bernadette ascolterà ancora la voce della Bianca Signora che le confida: "Non vi prometto di farvi felice in questo mondo, ma nell'altro".

Questo messaggio certamente piano piano cambierà la vita della semplice pastorella, che si affiderà sempre più alla Madonna, soprattutto quando a Lourdes sarà presa a schiaffi o quando le sue consorelle di Nevers anni dopo diranno di lei: "non è buona a nulla".

La veggente continuerà per la sua strada, certa della promessa della felicità futura fattale dalla Bianca Signora, ritenendosi addirittura come una scopa che la donna al mattino usa per pulire la casa e poi, una volta usata, ripone dietro la porta!

Bernadette non conosce il nome di "Aquerò", ma sa che, nonostante tutto, sarà felice nell'altro mondo! Ogni apparizione è un momento di grande preghiera e di pace. La preghiera sarà sempre e soltanto una: il Rosario, la sola preghiera conosciuta dalla veggente, che prega con gli occhi rivolti alla Grotta, mentre gli occhi della gente sono rivolti verso Bernadette, che emana una serenità fuori dal normale.

L'andare alla Grotta diventa un qualcosa che accomunerà ricchi e poveri di Lourdes: l'interesse per le apparizioni inizierà a superare lo scetticismo dei più!

Uno dei primi esperti a portarsi alla Grotta, per esaminare lo stato fisico di Bernadette, sarà il dottor Dozous.

Durante l'apparizione starà vicinissimo a lei, controllerà il suo battito cardiaco, senza peraltro riscontrarvi nulla di particolare e nessun effetto strano: la ragazza era in uno stato clinico normalissimo.

Di particolare menzione è ciò che lui stesso scriverà dopo l'apparizione del 7 aprile: "Quel giorno la ragazza si era recata alla Grotta con una candela, come le altre volte. L'accese appena giunta, prese la corona del rosario e poi si mise in ginocchio a pregare. All'improvviso andò in estasi e notammo che la fiamma aveva consumato la parte alta del cero ed era calata tra le dita di Bernadette senza bruciarle.

Stupito da tale fenomeno, così diverso dalle leggi della natura, un testimone oculare come me non poteva restare indifferente". Dopo l'estasi infatti il medico controllerà le mani di Bernadette ma non riscontrerà nessuna scottatura.

In seguito il medico riaccenderà più volte il cero

Miracolo del cero (XVII apparizione) dipinto di Carrier-Belleuse.

BOLLETTINO
MATER MISERICORDIAE

FESTE PATRONALI 2008

MACERATA CIVITAS MARIAE

Nella celebrazione delle Feste Patronali di quest'anno, vogliamo tener presenti tre riferimenti particolarmente importanti:

LA MADONNA IMMACOLATA
nel 150° Anniversario delle sue apparizioni a Lourdes
11 febbraio - 16 luglio 1858
Maria, da Lourdes e da tutti i suoi Santuari, fa giungere a noi il suo richiamo alla preghiera, alla penitenza, alla conversione.

L'APOSTOLO PAOLO
nel II Millennio della sua nascita
L'Apostolo delle genti rivolge ancora oggi al mondo la sua parola forte e liberante: il Vangelo di Cristo Risorto "Potenza di Dio, salvezza di chiunque crede".

PADRE MATTEO RICCI
nel IV Centenario della sua morte avvenuta a Pechino
l'11 maggio 1610
Nel 2010 la Città e la Diocesi di Macerata, assieme a tutta la Chiesa e alle più alte Istituzioni Civili e Culturali del mondo, celebreranno il grande missionario maceratese, fondatore delle Missioni Cattoliche in Cina.
P. Matteo Ricci, uomo di Dio dalle virtù eroiche, uomo di scienza e di cultura, può esser considerato "un ponte" che unisce nella Fede, nella Scienza, nell'Amicizia, l'Oriente e l'Occidente.

* * *

La Madonna della Misericordia e San Giuliano Ospitaliere, assieme a tutti i nostri Santi, ci guidano e ci sostengono nel nostro impegno per la riscoperta e l'affermazione del "Primato di Dio" nella nostra vita personale e sociale, religiosa e civile.

In copertina:

S. Maria della Porta, Macerata, *La grotta di Lourdes*, riproduzione fine 1800 avvicinandolo alle mani di Bernadette e ricevendo una reazione sempre immediata, del tipo: "Dottore, ma lei mi brucia!".

Sarà il dottor Dozous uno dei primi testimoni a relazionare al commissario Jacomet e lo farà solo due giorni dopo dicendogli: "Ho visto con i miei occhi. Io credo".

La conversione del dottor Dozous sarà un argomento in più di discussione per i frequentatori del Cafè Français di Lourdes, luogo di ritrovo della società borghese contraria ai fatti di Massabielle.

Intanto Bernadette continua la sua vita, ma in modo ben diverso da prima. Ha solo un desiderio: andare alla Grotta ed incontrare "Quella là".

Tornando a casa dalla scuola, pensa di andare a Massabielle, nonostante i divieti di mamma Luisa e le minacce di prigione da parte del commissario Jacomet e del procuratore imperiale Dutour, il quale, l'aveva mandata a chiamare il 25 febbraio, lui che riteneva i Soubirous "avanzi di galera".

Fu allora che Bernadette, conscia di tale pregiudizio, rifiuta l'invito a sedersi sulle sedie – perchè altrimenti le sporcheremmo, dirà –. Con difficoltà i suoi autorevoli interlocutori si riprenderanno dall'emozione di aver ricevuto una tale risposta da una ragazzina!

"Avanzi di galera", "stracciona" sono alcuni dei titoli "onorifici" meritati grazie alle apparizioni di Massabielle.

A rinforzare il tutto con parole piene di fuoco, ci penserà la signora Pailhasson, proprietaria del Cafè Français, ritenuta la donna più bella di Lourdes, tanto che Jacomet un giorno domanderà a Bernadette se la santa Vergine fosse bella come lei. Il 15 febbraio infatti, un giorno che Bernadette si permetterà solo di guardare i dolci esposti nella vetrina del Cafè, riceverà uno scapaccione dalla tanto bella signora con queste "tenere" parole: "Una stracciona come te che va parlando di visioni, non deve farvi al riguardo nessun accenno neanche per scherzo!".

Ad aumentare l'opinione negativa su Bernadette, già sentenziata dalla signora Pailhasson con tanto di "timbro" di autentica con scapaccione, saranno l'ottava e la nona apparizione della santa Vergine.

Il 7 febbraio Bernadette ritornerà alla Grotta e la Bianca Signora le consegnerà un messaggio che resterà il suo segreto.

La gente che di solito era presente alle apparizioni, faticherà ancora di più ad accettare i gesti strani che Bernadette farà in quelle occasioni e che richiederanno dei tempi abbastanza lunghi per essere digeriti. Questo accadrà nell'ottava e nona apparizione avvenute mercoledì 24 febbraio e giovedì 25.

Sempre inginocchiata al solito posto, e con gli occhi rivolti verso la nicchia in alto, Bernadette è raccolta in preghiera. Quando arriva la santa Vergine, si trasfigura come nelle precedenti volte. La Madonna

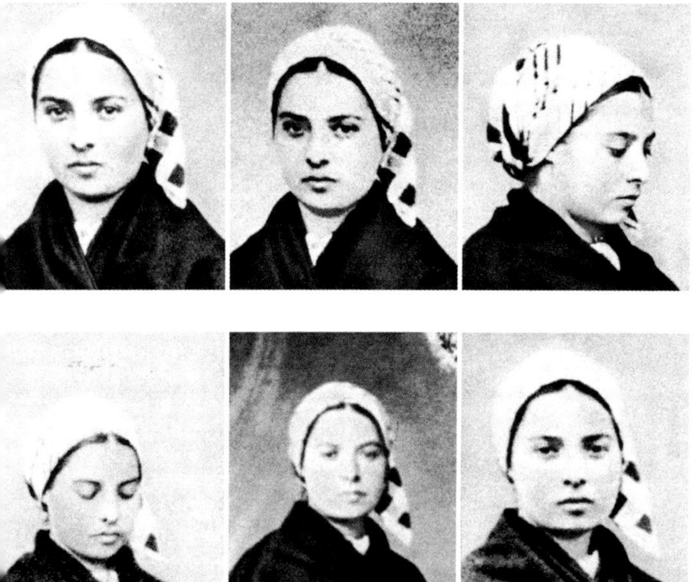

Gli occhi di colei che ha visto il “Cielo”.

le parla per la seconda volta e questo discorso sarà tangibile agli occhi di chi assiste, perché le lacrime riempiranno il volto della veggente: concreta espressione di qualche messaggio pieno di sofferenza.

Bernadette comunque viene vista dalle centinaia e centinaia di persone salire verso la parte interna della Grotta, baciare più volte la terra e mangiare l'erba: un gesto assurdo mai fatto prima!

Così la stessa scena il 25 febbraio, giorno della nona apparizione alla quale erano presenti più di tremila persone. Ripeterà il gesto di baciare la terra, mangiare l'erba e poi, guardando in alto verso il luogo dove avveniva l'apparizione, si dirige verso il fiume Gave per poi fermarsi come se fosse stata richiamata. Ritorna indietro e sembra quasi chiedere spiegazioni poi compie un gesto nuovo: messasi in ginocchio, scava con le dita nel fondo della Grotta e raccoglie un po' d'acqua piena di terra rossastra; cercherà addirittura di berla ma non ci riuscirà. Continuerà a scavare e cercherà di bere. Ci riuscirà solo al quarto tentativo. Non si turberà per quell'acqua sporca e cercherà di lavarsi la faccia, imbrattandosi così tutto il viso! Ovviamente il tutto avviene mentre le circa tremila persone, radunatesi intorno a lei per l'apparizione, se ne andranno sbeffeggiandola, considerandola pazza e ridendo! Altri penseranno di aver perso solo del tempo. Bernadette invece, al termine di tutto, s'incammina felice e tranquilla come sempre, per ritornare al cachot, cercando di spiegare ciò che aveva fatto: era stata "Aquerò" a chiederle di salire in ginocchio in fondo alla Grotta, di mangiare l'erba in segno di penitenza per i peccatori.

In queste apparizioni la Madonna le aveva parlato e confidato dei messaggi ben precisi: "Penitenza, penitenza, penitenza, pregate per la conversione dei peccatori. Baciate la terra per la conversione dei peccatori". È sempre "Aquerò" che le ha chiesto di andare a bere e lavarsi alla fontana e lei perciò si è diretta verso il Gave, ma è stata richiamata.

Sempre per ordine della Vergine scaverà in fondo alla Grotta e cercherà di bere dell'acqua, cosa che però non riesce a fare nei primi tre tentativi.

Da quel piccolo incavo comunque uscirà acqua pulita che molti inizieranno a bere, compreso Louis Bouriette, che sarà tra i primi miracolati: divenuto cieco ad un occhio per un infortunio, dopo essersi bagnato con l'acqua presa da quel rigagnolo, riacquisterà la vista.

Dopo la dodicesima apparizione, quella del primo marzo, alla presenza di circa mille e cinquecento persone, avverrà un secondo miracolo: una signora incinta di nove mesi e con una mano paralizzata e deformata, Catherine Latapie di Loubajac, si ritroverà perfettamente sana. Dopo aver preso dell'acqua i suoi arti ritorneranno a posto completamente e, tornata a casa, partorirà senza dolori, da sola. Suo figlio un giorno diventerà sacerdote.

Davanti a questi miracoli l'opinione pubblica inizia ad accettare con meno difficoltà ciò che avviene a Massabielle: la prudenza nel dare giudizi subentra allo scetticismo e alla derisione.

Le successive apparizioni della santa Vergine vedranno Bernadette ripetere sempre ciò che ha fatto nella ottava e nona apparizione: i gesti penitenziali di baciare la terra, mangiare l'erba e bere l'acqua.

Come sempre la recita del rosario di Bernadette è fatta con la partecipazione anche di "Aquerò".

Bernadette non potrà dimenticare per tutto il resto della sua vita come la santa Vergine faceva il segno di croce!

Intanto il 2 marzo la santa Vergine torna ancora a parlare con la sua piccola confidente ed è l'apparizione nella quale lei chiede espressamente che si realizzi un suo desiderio: "Vada a dire ai sacerdoti che si venga qui in processione e che si costruisca una Cappella".

Dopo l'apparizione molti domandano a Bernadette cosa le avesse detto la santa Vergine, il che dette origine ad una confusione incredibile poiché tutti cominciarono a pensare che si dovesse fare una processione per il giovedì successivo! Bernadette andrà a parlare come suo solito con padre Pomian che la manderà, a sua volta, da don Domenique Peyramale, il parroco. Don Peyramale era buono ma burbero ed incontrerà sì Bernadette, ma facendole tutta una serie di domande, ancor prima che lei parlasse. Davanti al parroco Bernadette comunque risponderà sempre con la stessa serenità di spirito.

Il commissario Jacomet che interroga Bernadette il 21 febbraio 1858.

Alla domanda se era lei quella che andava a Massabielle e vedeva la santa Vergine, Bernadette, senza timore risponderà dicendo: “Io non ho detto che era la santa Vergine”. E don Peyramale la incalza: “Allora chi è… come si chiama... è di Lourdes?… Una signora che non conoscete, che non ha voluto dire il suo nome, che non si sa di dove sia, che abita in una Grotta ed ha i piedi nudi... Ma vi pare di poter essere presa sul serio? Dite alla vostra signora che il parroco di Lourdes non prende ordini da sconosciuti. Ditele che esige di conoscere il suo nome e che quel nome gli appartiene... Ditele di far fiorire il roseto della Grotta”.

Bernadette lascerà la canonica emozionatissima. Il precedente interrogatorio del commissario Jacomet era stato nulla al confronto!

Nonostante ciò, la sera stessa, prima dell'ora della cena, tornerà dal parroco accompagnata dalla sua amica Domenica Cazenave: aveva dimenticato di dirgli che la signora voleva una Cappella, anche piccolissima.

Il parroco comunque entrò in crisi: a Lourdes molti suoi parrocchiani erano tornati in chiesa grazie a queste apparizioni.

Non può far altro che insistere sul concetto già espresso: “Quando dirà il suo nome, le faremo la cappella e non sarà piccola ma grandissima!”.

Il 3 marzo Bernadette tornerà alla Grotta per due volte. Solo nel pomeriggio la Signora apparirà.

Dopo l'apparizione Bernadette tornerà ancora

dal parroco per dirgli che la Signora chiede sempre la Cappella.

Don Peyramale, anche lui, insisterà sul solito tasto: "Le avete chiesto il suo nome?" Domanda il parroco. E Bernadette: "Sì, ma non fa altro che sorridere".

"Ditele di dire il suo nome e di far fiorire il roseto e avrà la cappella e sarà molto grande", replica don Peyramale.

Il 4 marzo, giorno della quindicesima apparizione, vi sono più di ottomila persone alla Grotta.

Il commissario Jacomet aveva ricevuto l'ordine dal prefetto di Tarbes di far controllare la Grotta.

Bernadette vi arriverà solo dopo aver partecipato alla Messa funebre di sua zia Giovanna, sorella del padre.

Come sempre Bernadette ripeterà i gesti che le aveva chiesto la santa Vergine alla nona apparizione e dopo aver acceso il cero, inizia la recita del rosario.

Il tutto durerà quasi un'ora e non accadrà nulla: la santa Vergine non parlerà a Bernadette.

La folla resterà un po' delusa, ma la Polizia presente e allertata dal prefetto, sarà ben lieta di come sono andate le cose.

Con l'apparizione del 4 marzo Bernadette pensava di aver risposto ormai all'appello di "Aquerò" ad andare a Massabielle "per quindici giorni", ma, il 25 marzo mattina, sentirà forte l'impulso irresistibile di dover ritornare laggiù, presso la Grotta.

I genitori cercheranno di trattenerla ma, non riuscendoci, non resterà loro che accompagnarla. Quel giorno la chiesa festeggia l'Annunciazione di Maria Vergine.

Quando arriverà alla Grotta vedrà che la Vergine l'aspettava... erano le cinque del mattino eppure vi erano circa un centinaio di persone che si erano radunate per pregare e soprattutto... vi era anche il commissario Jacomet. Bernadette, ricordando questo giorno, scriverà: "Quando poi mi inginocchiai, le chiesi perdono di essere in ritardo, le dichiarai il mio amore e soprattutto la felicità nel rivederla ed incominciai il rosario".

Alla fine chiederà più volte di dirle come si chiamava. Ma ogni volta aveva come risposta solo un sorriso! Alla quarta volta che Bernadette le domanda "Signora volete avere la bontà di dirmi come vi chiamate?", la Bianca Signora alza gli occhi al cielo, stende le sue braccia all'altezza del petto congiungendo le mani ed infine nel dialetto dei Pirenei dice: "*Que soy era Immaculada Concepciou*".

Bernadette non comprende nulla del significato di quel nome, ma finalmente potrà dire a don Peyramale il nome che tanto aspettava e dimostrargli di non essere una ragazza maleducata che parla con gli sconosciuti! Mentre lascia il cero acceso in fondo alla Grotta, a due amiche che le sono vicine ripete quel nome quasi a non volerlo dimenticare e incamminandosi verso la casa parrocchiale, continuando a ripetere quelle parole, si porta da don Peyramale. Dopo aver suonato il battaglio della porta, una volta che si trova davanti al parroco, gli ripete immediatamente senza aspettarsi nessuna domanda: "*Que soy era Immaculada Concepciou*".

Finalmente il parroco vacilla e a queste parole della veggente, come prima risposta dirà: "Povera orgogliosa, voi sareste l'Immacolata Concezione? Vi siete sbagliata, sapete cosa vuol dire?"; Bernadette ovviamente risponderà, sia con il capo che con la bocca: "No, signor curato, ma la Signora mi ha detto così ed io l'ho ripetuto per tutta la strada. Ed inoltre vuole la cappella". Il parroco è scosso; durante il processo testimonierà dicendo: "Ero talmente turbato che mi sono sentito sul punto di cadere". Continuerà a guardare Bernadette ed il sorriso di questa lo fa riflettere ancora di più: lei è serena, ha compiuto la sua missione, allora è tutto vero!

Bernadette non comprende nulla, ma il parroco ben sa che quattro anni prima, l'8 dicembre 1854, il Papa Pio IX, con la "*Ineffabilis Deus*", proclamava il dogma dell'Immacolata Concezione. Quattro anni dopo la santa Vergine a Lourdes viene a porre la sua firma di autenticità a ciò che aveva dichiarato il santo Padre.

Mentre tanta gente è contenta di sapere che quanto succede giù a Massabielle viene dal cielo, la stessa gioia non contagia il commissario Jacomet né il prefetto di Tarbes. Per cercare di far chiudere il caso verrà ordinata addirittura una perizia psichiatrica alla presenza di ben tre medici e della durata di circa due ore.

I risultati non sono però quelli che si aspettavano i committenti, anche se viene presa in considerazione l'ipotesi di un'allucinazione. Il vescovo di Tarbes, al prefetto che gli aveva inviato il referto medico per conoscenza, ma soprattutto per indurlo a far chiudere la Grotta, risponderà: "Io credo alla possibilità del soprannaturale".

Alla Grotta avvengono miracoli ma Bernadette è malata e tale resterà. Addirittura dovrà andare a Cauterets per cercare di curare una crisi d'asma più forte che mai.

Al suo rientro, il 3 giugno del 1858, giorno del Corpus Domini, finalmente le verrà data la Prima Comunione nella cappella delle Suore di Nevers che oggi è la sede dell'Ospedale di Lourdes.

Sarà lo stesso parroco don Peyramale a darle l'Eucaristia e dopo, al vescovo, così descriverà l'avvenimento: "Eccellenza, ieri 3 giugno, Bernadette ha fatto la Prima Comunione nella cappella dell'Ospizio. Sembrava veramente compresa e presa dall'avvenimento. Tutto si è svolto in lei in maniera meravigliosa". Eppure cercherà di proibirle di tornare alla Grotta.

La gente continua ad andarci... anche senza Bernadette.

Intanto le autorità cittadine cercano di demonizzare tutto quello che avviene laggiù, a cominciare dal fenomeno dell'acqua che la gente porta sempre

Il parroco di Lourdes, don Dominique Peyramale.

più spesso via con sé, per darla ai malati che hanno in casa. È allora che avviene la proibizione di andare a prendere l'acqua e siccome un semplice proclama non basta, le autorità faranno innalzare una palizzata per evitare appunto l'accesso alle persone che si recavano continuamente a quella sorgente.

La gente però non accettava questi lavori con rassegnazione e persino don Peyramale dovette intervenire per calmare gli animi, tutte le volte che la palizzata veniva buttata giù e regolarmente ricostruita!

Intanto arriviamo al 16 luglio, giorno dell'ultima apparizione, festa di Nostra Signora del Monte Carmelo.

Anche se Bernadette sentiva dentro sé quella forza interiore ad andare alla Grotta, due ostacoli oggettivi questa volta la bloccavano: la palizzata che non le avrebbe permesso di avvicinarsi alla Grotta e il divieto del parroco don Peyramale!

Come fare allora per cercare di non scontentare nessuno?

La soluzione questa volta la troverà la zia Lucilia. Andranno attraversando la proprietà privata di fronte alla Grotta, al di là del fiume Gave.

Bernadette è con sua zia e due sue amiche. È quasi sera ma, al di sopra della palizzata, si riesce a vedere l'incavo della Grotta.

Dopo aver iniziato a recitare alcune *Ave Marie*, Bernadette va in estasi e i suoi occhi s'illuminano.

Il tempo di questa apparizione sarà di circa quindici minuti; la Vergine resterà in silenzio ma Bernadette un giorno dirà: "Mi è apparsa come le altre volte, ma è stata in silenzio. Non vedevo né la barriera né il fiume. L'ho vista benissimo. Non l'ho mai vista così bella. Aveva gli occhi azzurri".

Prima che questa apparizione venga raccontata passerà del tempo. Bernadette aveva paura di quello che avrebbe potuto dire don Peyramale per aver trasgredito il divieto che aveva ricevuto: sarà zia Lucilla a raccontarla in seguito, e proprio al parroco di Lourdes, mentre Bernadette lo riferirà quando scriverà di suo pugno il racconto delle apparizioni.

Ma, poiché il buon Dio sa scrivere dritto anche con lettere storte, la storia della cancellata troverà una soluzione sebbene sorprendente, umanamente parlando.

Ed ecco l'episodio: una nobildonna (Madame Bruat) viene fermata dalla guardia posta per far rispettare l'ordine di non avvicinarsi alla Grotta e soprattutto quello di non prelevare acqua.

Portata in commissariato, si verrà a scoprire che era una dama di compagnia della moglie di Napoleone III inviata dal luogo di vacanza, non lontano da Lourdes, dove si trovava insieme al figlio malato.

Non c'è barriera che tenga davanti alla sofferenza, soprattutto di un bambino...

Quando il commissario Jacomet viene a sapere chi era quella donna arrestata e, soprattutto, chi l'aveva mandata, farà dissequestrare la fiasca d'acqua con tanto di scuse!

Il caso arriverà rapidamente sul tavolo di Napoleone III che, anche se massone, dovrà far riaprire la Grotta per desiderio della moglie, l'imperatrice Eugenia, la quale grazie a quell'acqua, vede rifiorire l'erede al trono di Francia. Per la fine di agosto arriverà l'ordine di sgombro della palizzata alla Grotta con la possibilità di poter tornare a pregare e a prelevare l'acqua.

È quasi sera quando la notizia si sparge velocemente nella cittadina dei Pirenei con un tacito passaparola; moltissimi si porteranno verso la Grotta e, per non avere problemi con la luce, in mano portano una candela: nasce così senza volerlo la famosa processione "*aux flambeaux*" che si svolge da 150 anni a Lourdes ogni sera.

Questa volta però Bernadette non solo rispetterà l'ordine del parroco, ma la cosa ormai sembra non appartenerle più. Per questo motivo quando Madame Bruat, mandata dall'imperatrice, le si era rivolta per chiederle di essere accompagnata alla Grotta a prendere l'acqua, lei si era rifiutata proprio perchè il parroco le aveva proibito di andare laggiù.

Dopo i mesi delle apparizioni, Bernadette non cercherà altro che tornare alla normalità più estrema continuando a vivere in via des petites Fosses, al cachot, la sua vita di tutti i giorni.

E mentre tutti la cercano, lei cerca di nascondersi, di non farsi vedere e soprattutto è stanca di rispondere o di ripetere decine di volte le stesse cose.

Quanta differenza con le sue amiche "visionarie" che in quell'anno stavano riempiendo Lourdes di facili apparizioni! Lei invece si sottraeva a tutti e soprattutto rifiutava ogni semplice offerta di denaro! A chi le proponeva di accettare anche una piccola somma, per i bisogni della sua famiglia tanto povera, rispondeva: "non posso, mi brucia!".

Un giorno, mentre viveva all'ospizio con le suore, la inviteranno a prendere i soldi per la Grotta e per la cappella che si stava costruendo o per i poveri, ma lei neanche li toccherà! Dirà agli offerenti: "Dateli alla suora" oppure "Metteteli nella cassetta delle offerte". Dopo aver "toccato" il cielo, le sembrava normalissimo che anche gli altri credessero alla stessa sua maniera.

C'è addirittura qualcuno che vuole convincerla di aver visto il diavolo! E questo perché "Aquerò" con quelle due rose gialle sui piedi, avrebbe nascosto i cosiddetti zoccoli da diavolo!

Per tutta risposta, di fronte a quell'incredulità, invece di cercare di convincere chi non accettava le apparizioni risponderà: "La santa Vergine mi ha detto di venire a raccontarvele, non di convincervi a credere!"... e rivolgerà queste parole anche al parroco don Peyramale!

Anche di fronte ai tanti interrogatori dei giornalisti che arrivavano a Lourdes per intervistarla (con l'aiuto di padre Pomian che le faceva anche da interprete perché non parlava francese), lei era e resterà una ragazzina semplice alla quale era sembrato un dovere e nulla di più, raccontare quelle apparizioni!

Un giornalista un giorno le chiederà che lingua parlasse la santa Vergine. E lei, con la naturalezza più grande, risponderà che le parlava in dialetto.

Di fronte allo stupore dell'intervistatore e soprattutto quando questi replicherà che in Paradiso non sì parla dialetto, Bernadette risponderà in maniera estremamente chiara e senza possibilità di replica: "E allora pensate quel che volete". Bernadette resterà la ragazzina semplice: quella di sempre.

I doni che ha avuto nell'essere privilegiata dalla santa Vergine non la insuperbiscono, lei farà un cammino che la porterà man mano ad un arricchimento spirituale veramente grande!

Sul ponte del fiume Gave, all'altezza del santuario di Betharram, dover era andata a confessarsi dal fondatore dei padri Betharramiti, a un giovane che dopo averla riconosciuta e salutata, aggiunse: "Beata te che hai visto la santa Vergine, tu andrai in Paradiso" lei rispose semplicemente: "Io il Paradiso me lo devo guadagnare come te!".

Ecco allora diventare prezioso a questo punto, al termine delle diciotto apparizioni, il ricordarsi di ciò che lei ha scritto un giorno, quasi al termine della sua giovane esistenza:

"Io vorrei che si raccontassero anche i difetti dei

santi e quanto hanno fatto per correggersi. Questo sarebbe molto più utile dei loro miracoli e delle loro estasi".

Bernadette con suor Alessandrina Roques, superiora dell'ospizio di Lourdes (19 maggio 1866).

Bernadette a Nevers

4 luglio 1876
16 aprile 1879

Per andare verso Maria con maggior fiducia, per scoprire l'acqua viva offerta agli assetati, per andare verso la mensa del pane della grazia.
Per favore Bernadette prestami i tuoi zoccoli.

L'addio a Lourdes... per Nevers

Dopo la visita del vescovo di Nevers a Lourdes e all'Ospizio delle Suore, finalmente Bernadette si decide ad affrontare il grande passo: farsi Suora della Carità di Nevers, anche se, ad una precedente proposta del vescovo, aveva risposto subito che doveva pensarci e che non poteva perché non sapeva fare nulla ed era povera: senza dote!

Il tempo intanto scorre e si è arrivati al 4 aprile 1864: il giorno dell'inaugurazione della Cripta e della statua della Grotta del Fabish.

Ci sono ventimila persone, ma non ci saranno né Bernadette né don Peyramale, perché malato.

Bernadette non si lamenterà per questa assenza. Riguardo poi alla statua, nonostante fosse stata fatta sulla base delle informazioni fornite da lei, nel guardarla commenterà: "È bella ma non è lei! C'è differenza come fra la terra e il cielo".

E proprio in quel 4 aprile chiederà alla Superiora di poter di divenire suora di Nevers...

Il 3 luglio diventa il giorno dei saluti, o meglio degli addii!

Prima andrà alla Grotta, della quale dirà: "Essa è stato il mio cielo, non la rivedrò più". E scriverà: "Vorrei tornare una volta sola alla mia Grotta, quando nessuno mi vede perché io sono attaccata a quelle roccia con tutta me stessa!".

Poi andrà al Mulino Lacadè, oggi conosciuto meglio come "la casa paterna".

Ai saluti, o meglio gli addii, gli occhi sempre si riempiono di lacrime; così accadrà per la famiglia Soubirous.

Il papà non si consola alle parole di Bernadette che lo assicura che si rivedranno. Lui è convinto che quella sarà l'ultima volta che si vedranno! In effetti, dopo solo cinque mesi mamma Luisa mo-

Santuario mariano di Betharram, ricostruito nel 1660.

rirà. Già quando saluta Bernadette il volto e il fisico della madre, esprimono tutta quella che è stata la sua vita: sacrifici e stenti!

Sono presenti agli addii, ovviamente i suoi fratelli, Jean Marie quindicenne, il piccolo Bernard Marie, ed anche sua sorella Toinette, che ha ormai venti anni: la testimone e compagna della prima apparizione ed anche colei che "vuoterà il sacco" alla madre una volta tornate a casa quell'11 febbraio!

Il giorno successivo Bernadette per la prima volta prende il treno, al mattino presto parte per raggiungere Nevers, è il 7 luglio. È in compagnia di altre due compagne, che desiderano anch'esse divenire Suore di Nevers, e di due religiose.

Durante il viaggio ci saranno due soste: una a Bordeaux e l'altra a Perigueux, presso una casa sempre delle Suore di Nevers, le quali avranno così l'opportunità di vedere da vicino la veggente di Lourdes.

Bordeaux riserva a Bernadette la conoscenza di cose molto semplici: intanto il mare e poi il giardino botanico, all'interno del quale la sua attenzione viene attratta dai pesci rossi.

Finalmente il 7 luglio, alle ore dieci e mezza della sera, le donne giungeranno a Nevers e troveranno ad attenderle alla stazione, una carrozza che le accompagnerà al convento. Bernadette dormirà nel dormitorio Sainte Marie e le sarà riservato il letto più vicino alla statua della Madonna. Al mattino verrà presentata insieme alle sue due amiche alla Madre Generale. Non si può in questo momento non ripensare a ciò che lei un giorno dirà di questo suo arrivo a Nevers: "Io sono venuta qui per nascondermi. La santa Vergine si è servita di me e poi mi ha ridato il mio posto ed io ne sono felice!".

Ma l'entrata in convento non basterà a nasconderla: il suo arrivo a Nevers è atteso e molti cercheranno di fare di tutto pur di vederla; la maestra del noviziato, Marie Therese Vauzoula un giorno dirà: "Tutti ti crederanno, io non ti crederò mai". E anche: "Vorrei tanto vedere gli occhi che hanno visto la santa Vergine". Questa sarà la sua maestra di noviziato e quella che le farà da interprete (vista la poca dimestichezza con il francese) nel raccontare le apparizioni a tutte le altre suore. Il giorno successivo infatti, domenica 8 luglio, nel pomeriggio, nel salone della Casa Madre, Bernadette avrà un uditorio eccezionale: più di trecento persone, dalla madre generale a tutte le suore, professe e novizie fino all'ultima postulante, potranno ascoltare dalla viva voce della veggente il racconto dei giorni delle apparizioni alla roccia di Massabielle.

È un fatto fuori dall'ordinario nella vita del convento che ad una postulante venga data la parola!

Bernadette racconterà tutte le apparizioni a Lourdes, indossando ancora gli abiti che portava in quegli stessi giorni... quasi come al tempo delle apparizioni!

È bello riportare il commento di una postulante che nel vederla entrare nel salone disse: "Tutto qua? E questa è Bernadette Soubirous?". E Bernadette guardandola sorridente le rispose: "Sì, tutto qua".

Bernadette, alta 144 centimetri, con dei poveri vestiti da montanara dei Pirenei, il volto sciupato che lasciava intravedere i suoi seri problemi di salute, non era certamente qualcuno che potesse attirare ammirazione per il fascino esteriore.

Con il suo racconto, che sarà accompagnato da un silenzio impressionante, susciterà una grande emozione generale quando, imitando nei gesti la santa Vergine, ripeterà le sue parole: "Io sono l'Immacolata Concezione".

Le furono rivolte delle domande alle quali lei rispose in maniera esauriente, ma dopo quell'incontro, nessuno più potrà domandarle nulla sulle apparizioni di Lourdes. La vita per lei sarà completamente nuova: sarà una semplice postulante venuta in convento per farsi suora, una tra le tante! Insieme ad altre quarantaquattro postulanti il 29 luglio inizierà il noviziato e cambierà abito e nome: sarà per sempre suor Marie Bernarde, il nome della sua madrina di battesimo. Mentre le sue amiche vengono inviate in varie case della congregazione, lei resterà a Nevers come aiutante sagrestana e aiutante infermiera.

Ovviamente l'essere stata la veggente della santa Vergine non le faciliterà la vita: per cercare di non farla inorgoglire, dalla maestra di noviziato all'ultima suora, verrà trattata con una tale indifferenza che in convento si dirà sempre: "Che fortuna non essere Bernadette Soubirous!". Eppure a chi le domandava se i modi usati nei suoi confronti la facessero soffrire lei rispose: "Oh, no! La maestra delle novizie ha proprio ragione, giacchè possiedo molto orgoglio, ma ora che sono qui lavorerò per correggermi, non è più come a Lourdes dove ero circondata da troppa gente".

La sua salute cagionevole peggiorerà ben presto soprattutto con l'asma si manifesterà la tubercolosi con la sua azione devastante. Nel 1866, il 25 ottobre, una crisi violentissima con vomiti di sangue, lascia prevedere al dottore curante delle suore, l'imminente fine della novizia.

Il cappellano delle suore, padre Vittorio Douce, le amministra il sacramento dell'Unzione degli Infermi.

Le Suore, con il Consiglio generale, decidono allora di ammettere la novizia Marie Bernarde, in *articulo mortis*, alla professione religiosa.

Il Vescovo di Nevers accorrerà al capezzale non appena avvertito, dicendo: "Non desidero che nessun altro riceva la professione religiosa di suor Marie Bernarde".

Appena giunto le dirà: "Figlia mia, state per morire e mi dicono che desiderate fare la vostra professione. Sono venuto personalmente a riceverla".

Bernadette risponderà flebilmente che non le riesce di pronunciare la formula per mancanza di forze ed il Vescovo replicherà dicendo che lui reciterà la formula al suo posto e poi lei risponderà affermativamente "Amen".

Così avverrà. Sul suo capo è deposto il velo da suora, tra le sue mani il crocefisso e sul letto il libro delle Regole. Ora finalmente Bernadette è una Suora della Congregazione della Carità di Nevers!

Intanto in Convento, le suore si erano preparate a vegliarla per la morte imminente, ma (c'è sempre un ma nella sua vita), durante la notte la sua situazione clinica migliora e, con voce flebile dirà alla generale: "Ma io non morirò questa notte". La madre generale, sbiancata in viso, le dice: "Se non morirete entro domattina, vi toglierò il velo di professa e vi rimanderò in noviziato!". E Bernadette, semplicemente le risponde: "Come vi piacerà... cara madre!".

Non appena riacquisterà un po' di forze rientrerà in noviziato e resteranno famose le parole dette in questa occasione: "Adesso non potranno più mandarmi via!".

La sua paura che potessero mandarla via, farla ritornare a Lourdes e impedirle di diventare suora è finita.

La situazione di Bernadette che strappa la professione di religiosa "in *articulo mortis*", ci richiama un modesto confronto con uno dei ladroni che sulla croce "strappò" il Paradiso a Gesù!

Intanto la vita da novizia continua come sempre senza nessuna distinzione particolare; lei continua ad essere la Bernadette che le sue consorelle hanno conosciuto: semplice, sempre sorridente e scherzosa.

È bello ricordare una sua risposta che lascia intuire la stima che lei aveva di se stessa; quando una novizia la informò di aver ricevuto da Lourdes una lettera con una foto di Bernadette che era venduta a dieci centesimi, sorridente lei disse: "È tutto quello che valgo".

In una delle tante lettere scritte all'amica suor Emile Marcillac le dirà: "Voi pregherete per me che sono così miserabile; sapete bene che non sono buona a nulla". In una lettera successiva condenserà tutta la sua "sapienza del cuore" riguardo all'importanza della sofferenza, scrivendo: "Tutto ciò è utile per il cielo". Sarà irreprensibile come aiutante infermiera e con lo studio della lingua francese e delle regole della Congregazione, sempre pieno di difficoltà. Nonostante il suo impegno una cosa non le riesce di fare bene: dimenticare la sua Lourdes! A suor Dominique in due diverse circostanze confiderà: "Ah, suor Dominique, come vorrei rivedere la Grotta!". E alla consorella suor Bernard Dalias aggiungerà: "Oh, rivedere la Grotta, una volta, una volta soltanto, durante la notte, quando nessuno potrebbe sapere...". Comunque era solita domandare notizie su Lourdes a chi veniva da lì.

Un giorno a suor Vincent Garros che tornava da lì domandò: "Che cosa si dice a Lourdes?". La suora le rispose: "Che vi ritornerete". "No, mai più", rispose con sicurezza e aggiunse: "Dopo la mia morte, si farà un tentativo per avere la mia miserabile carcassa, ma inutilmente".

Nonostante tutto, i suoi occhi, al solo pensiero della famiglia, dei suoi ricordi, della Grotta, si riempirono di lacrime, anche se ciò avvenne di nascosto.

Intanto la maestra del noviziato, Madre Teresa Vazou, una personalità forte, proveniente da una famiglia borghese, cercherà di trattare Bernadette nel modo da lei ritenuto migliore per non farla insuperbire.

Otterrà solo un ulteriore aumento di lacrime e di sofferenze con il risultato di farla sentire l'ultima suora del convento! Ma il suo tempo sarà segnato sempre da un "sì" continuo, come Maria: lo dirà sempre e, ad una consorella che non accettava l'ufficio d'insegnante, lei rispose: "Andate, quando si ubbidisce, non si sbaglia, obbedite sempre con gioia".

La continua tosse dovuta all'asma, farà dire a Madre Vazou qualche frase di troppo: "Baciate la terra! Uscite di qui! Siete una buona a nulla!". Tutto il convento ebbe modo di sentire che cosa pensava di Bernadette e della decisione della Vergine di averla scelta per confidente: "Non capisco perché la santa Vergine si sia mostrata a Bernadette. Ci sono tante altre donne così delicate, così educate, dopo tutto!". Insomma la santa Vergine avrebbe fatto meglio a chiedere a madre Vazou con chi parlare a Lourdes!

La salute di suor Maria Bernarde, tra alti e bassi, più bassi che alti, non lascia presagire nulla d'incoraggiante; dopo alcuni mesi di miglioramento nel 1874, dal mese di settembre ricade malata e così sarà fino alla fine dei suoi giorni.

In tutto questo tempo una frase in maniera particolare l'ha guidata nel suo cammino spirituale fino all'incontro con il Signore e con "Aquerò": "Quel che Dio vuole, come Lui lo vuole e per quanto lo vuole... Mi abbandono a Lui".

Bernadette vista dalle sue consorelle

Ogni volta che accompagno i pellegrini di Lourdes nella visita ai luoghi di Bernadette che il pellegrinaggio prevede, l'ultima tappa del giro attraverso la città, è quella al Cimitero vecchio sito in rue de l'Egalitè!

I pellegrini amano vedere e pregare la tomba dei genitori e dei familiari di Bernadette. Qui la famiglia fa memoria della loro parente santa dedicandole tutta la fiancata destra; una lunga incisione in marmo ricorda Bernadette, favorita dalla santa Vergine di 18 apparizioni, e indica ai visitatori che il suo corpo si conserva nella casa madre delle Suore di Nevers, nel convento Saint Gildard.

Poi, quando la visita sembra esser terminata vi è un'appendice, o meglio: la conclusione ultima.

Questa tappa che lascia un po' scosso anche il pellegrino più distratto, è la visita alla tomba di famiglia delle Suore di Nevers, posta proprio a sinistra dell'ingresso al cimitero.

Sulla grande lapide, coperta dal grigiore degli anni, vi è inciso il ricordo di due madri generali della congregazione.

Delle due, una è stata più a contatto con

Bernadette: la sua maestra di noviziato, Madre Therese Vazou.

La Madre Vazou è stata colei alla quale fu affidata Bernadette nell'anno di noviziato e che ebbe per lei frasi terribili ed atteggiamenti molto duri. Quando doveva arrivare in Congregazione diceva che "avere colei i cui occhi hanno visto la santa Vergine, è un onore troppo grande per tutte noi! Un onore che non meritiamo". Negli anni di convivenza con Bernadette le sue parole furono molto dure!

Arrivò a dirle che non si spiegava come fosse possibile che la santa Vergine, tra tante ragazze, avesse scelto proprio lei, la più stupida di Lourdes!

Un giorno, mentre Bernadette stava lavando con l'acqua il corridoio del convento (lavoro che le procurava una sofferenza indicibile!), le si avvicinò la madre Vazou e, sempre con aria di rimprovero, le disse che non si spiegava come avesse ricevuto 18 apparizioni dalla santa Vergine, lei che non sapeva neanche cosa fosse la sofferenza!

Fu allora che Bernadette si levò e gli mostrò il suo ginocchio con il tumore osseo che fece spaventare la madre maestra.

Tutto ciò non bastò perché, quasi a testamento dell'idea che lei aveva di quella piccola suora aggiunse: "Tutti ti crederanno, io non ti crederò mai!".

Sono queste ultime parole che si ascoltano in conclusione del giro dei luoghi di Bernadette a

Lourdes e che lasciano nei pellegrini tanto amaro in bocca!

Non per nulla lo scrittore ebreo che si era rifugiato in tempo di guerra a Lourdes, Franz Werfel, promettendo alla sua conterranea che avrebbe scritto in suo onore un romanzo sui fatti di

Bernadette nel 1868 durante il periodo del suo noviziato nel convento Saint-Gildard a Nevers.

Lourdes, se la sua famiglia si fosse salvata (cosa che poi fece mantenendo la parola!), pone in apertura del suo libro (*Il suffit d'aimer*), queste parole: "Nessuna prova serve per chi crede; nessuna prova basta per chi non vuol credere!".

Nonostante, quanto raccontato, sarà proprio lei, madre Vazou, una volta divenuta madre generale della Congregazione, a far costruire, solo dopo pochi anni dalla morte di Bernadette, una riproduzione della Grotta di Lourdes nel cortile del convento antistante la cappella, dove oggi riposa il corpo di santa Bernadette!

Mi sembra quanto mai opportuno offrire al lettore alcuni stralci di riflessioni, detti e confessioni su santa Bernadette, offerti dalle sue stesse consorelle che hanno condiviso con lei gli anni a Nevers.

Le loro parole rafforzeranno ancor più quel concetto tanto semplice per cui la via alla santità è un cammino per tutti e non una corsia riservata a pochi eletti!

Sono gli anni che vanno dal 1866 al 1879: tredici anni da suora, infermiera e malata, ma soprattutto tredici anni d'impegno a farsi sempre più vicina a Cristo, e a Cristo crocifisso.

Prima di lasciare la parola alle sue consorelle, mi sembra quanto mai bello chiudere gli anni di Lourdes per aprire quelli di Nevers, con le parole con cui lei rispose a Justine, la figlia della sua balia Marie Lagues. Venuta a Lourdes appunto per salutarla alla vigilia della sua partenza, Justine le chiese: "Non ti dispiace partire?".

"Quel poco tempo che siamo al mondo, bisogna impiegarlo bene".

Nei primi tempi Bernadette fu affidata a Suor Emilienne Duboè che così ricorda:

"Bernadette mi fu affidata fin dal suo arrivo in noviziato, per abituarla. Ciò che l'addolorava era di non vedere più la Grotta di Lourdes. 'Se tu sapessi – mi disse – quello che ho visto di bello là'. Avevo la tentazione di chiederlo, ma mi rispose che non poteva dire niente, che la madre maestra l'aveva proibito. Mi diceva: 'Se tu sapessi quant'è buona la Madonna!'".

Sempre la stessa suora continuava con le confidenze: "Un giorno Bernadette mi fece notare che facevo male il segno della croce. Le risposi che certamente non lo facevo tanto bene quanto lei, che lo aveva imparato dalla Madonna. Ma essa mi rispose: 'Bisogna farci attenzione – mi disse – perché vuol dire molto farsi bene il segno della croce'".

Ma com'era Bernadette agli occhi delle sue consorelle? Famosa è rimasta la risposta di quella che poi diventerà una consorella, suor Bernard Dalias: "Mi trovavo a Nevers da tre giorni, e mi dissi stupita di non conoscere Bernadette. La superiora che mi aveva accompagnata mi indicò una novizia, piccola, sorridente, che le stava vicino e aggiunse. 'Bernadette? Ma eccola qui!'. Un'espressione impertinente mi sfuggì ed esclamai: ‘Tutto qua?’. Mi rispose: ‘Proprio vero, signorina, tutto qua!’. Posso dire che da allora mi dimostrò una grande simpatia”.

Dalla semplicità più estrema alla risposta arguta al punto giusto!

Ancora una consorella riferisce: “Bernadette soprattutto ci edificava nella preghiera. E devo confessare che a questo proposito mi dispiace vedere che i predicatori non ci parlano quasi mai della sua pietà. Insistono molto sulla sua umiltà, sul disprezzo di sé. Ci parlano del suo amore per la vita oscura e nascosta. Hanno perfettamente ragione, ma se l’avessero conosciuta come noi, saprebbero che la sua pietà non era da meno.

La vedo ancora in ginocchio, immobile e con la testa diritta, le mani sul banco, lo sguardo a terra in direzione del tabernacolo. Si avvertiva perfettamente che Bernadette era penetrata dalla presenza di Dio. Averla con noi nella casa madre di Nevers è stata una grazia per tutti!”.

Gli anni passano ed anche i ricordi di Bernadette, relativi a quei giorni delle apparizioni, si fanno più sbiaditi.

Siamo nel giorno della festa dell’Assunta del 1870, suor Madeleine Baunaix si trovava nell’infermeria di san Giuseppe con Bernadette. Narra: “Mi aveva dato un frutto per la merenda; intanto parlavamo della festa del giorno e dissi:

‘Sorella pregherete per me oggi?’ – ‘Sì ma che anche voi pregate per me...’. Allora aggiunsi: ‘Quanto deve essere bella la festa in cielo e quanto bella deve essere anche la Madonna!’. E lei mi rispose: ‘Oh sì, quando la si è vista non si può più essere attaccati alla terra!’”.

Qualche tempo dopo, Bernadette riceverà una

Il convento di san Gildard a Nevers.

lettera di don Peyramale, nella quale c'era una fotografia. È sempre suor Madeleine che racconta: "Guardando la foto mi chiese se conoscevo Lourdes. Alla mia risposta negativa, mi disse: 'Tenete, ecco la foto della Basilica' e con il suo dito mi mostrava la Grotta. Le chiesi: 'Dove eravate quando vi apparve la Madonna?' Mi indicò semplicemente il posto. Soggiunsi. 'È un ricordo assai dolce per voi sorella'. Prendendo un'aria grave, quasi triste, rispose 'Oh, sì! Ma non avevo nessun diritto a tale grazia'".

Parlare di Lourdes significa parlare di pellegrinaggi, pellegrini e di tantissimi che laggiù si recano tante volte! È bello ricordare come Bernadette abbia vissuto, stando nella sua infermeria, il giorno dell'incoronazione della statua di Nostra Signora di Lourdes.

È suor Ambroise Fenasse che racconta le confidenze avute quel giorno: "Suor Ursule parlò della grotta a Bernadette: 'Sareste contenta di rivederla?'. 'La mia missione a Lourdes è finita. Che cosa ci andrei a fare?'. 'Si sta preparando una festa solenne a Lourdes, ci saranno parecchi vescovi. Non vi farebbe piacere assistervi?'. 'Oh no, preferisco mille volte il mio cantuccio in infermeria piuttosto che trovarmi in quella festa, che tuttavia mi è di grande gioia'. Parve riflettere un istante, poi soggiunse: 'Se potessi trasportarmi in un pallone alla Grotta e rimanervi qualche minuto a pregare quando non c'è nessuno, ci andrei volentieri; ma dovendo viaggiare come tutti e trovarmi in mezzo alla folla, preferisco rimanere qui'; ed ancora un giorno disse: "Non sono da compatire, ho visto qualcosa di molto più bello".

Gli ultimi ricordi che ci sembra bello sottoporre all'amico lettore, sono quelli riguardanti gli ultimi mesi o giorni che Bernadette ha trascorso su questa terra.

Anche qui lasciamo la parola alle sue consorelle che, andando in quella infermeria o "cappella bianca", come la chiamava la santa, riceveranno tanto per la loro vita di religiose e lasceranno a noi dei ricordi, che possono aiutarci a portare avanti il nostro cammino, verso la meta della santità.

L'11 dicembre 1878 si metterà definitivamente a letto e inizierà, come scrive il primo biografo Henri Lasserre (*Bernadette*, 1879), una degenza definitiva che le consentirà solo qualche raro spostamento dal letto alla poltrona.

È la fase finale della sua vita.

Lasciamo la parola a suor Marcelline Lannessans che, nel mese di maggio, del 1878, le disse che andava a Lourdes; alla domanda se desiderava seguirla, Bernadette rispose: "No, mi guarderebbero come una bestia rara. E inoltre, abbandonerebbero la Madonna per seguire me. Pregate per me alla Grotta. Io pregherò per voi, perché facciate buon viaggio".

Suor Emilie Marcillac racconterà: “Le crisi d’asma divennero più frequenti. Un tumore enorme invase il ginocchio destro, infine la carie divorava le ossa, la violenza dei dolori le strappava qualche grido, che poi trasformava in preghiera: “Mio Dio, ve lo offro. Mio Dio vi amo”.

Suor Marie Bernarde, la nostra piccola veggente, ricevette l’Estrema Unzione il venerdì 28 marzo 1879.

Dopo la cerimonia si rivolse alla superiora dicendole: “Madre, vi chiedo perdono per tutte le pene che vi ho causato con le mie infedeltà nella vita religiosa e chiedo perdono anche alle consorelle per il cattivo esempio che ho dato”.

Madre Eleonore Cassagnes ricorda: “Pochissimo tempo prima della sua morte aveva fatto togliere tutte le immagini che erano state fissate al suo letto… A chi le chiedeva la ragione rispondeva: ‘Mi basta questo’. E mostrava il crocefisso”.

Si arriva quindi agli ultimi giorni. Tutte le sue consorelle cercheranno di vederla per l’ultima volta dentro l’infermeria e, alla richiesta che nessuna di loro fosse dimenticata, ella risponderà a tutte: “Sì, non dimenticherò nessuno!”.

Suor Bernarde Dailias racconta: “Mi disse il lunedì di Pasqua: ‘Addio, suor Bernarde, questa volta è proprio la fine’. Nella mia venerazione, volli baciarle la mano che mi tendeva, ma rapidamente la rimise sotto le coperte”.

È a suor Leontine Villaret che si deve il ricordo di quelle parole famose di Bernadette pronunciate qualche ora prima di morire! Così dice questa consorella: "Mi ricordo ancora del suo sguardo, quando ci disse: 'Sono macinata come un chicco di grano'.

Mi sembra che aggiunse: 'Non avrei mai creduto che bisognasse soffrire tanto per morire.'"

Gli ultimi istanti di santa Bernadette somigliano tanto a quelli di Cristo sul Golgota.

Soprattutto per meglio aiutare il lettore a conoscere l'ultimo momento di vita, lasciamo la parola a madre Natahalie Portat: "Alcuni istanti dopo (verso le tre del pomeriggio), la malata, con un gesto significativo chiede da bere, si fa un gran segno di croce, afferra il flacone contenente la bevanda tonica che le si porge, ne beve a due riprese qualche goccia e, reclinando la testa, rende dolcemente la sua anima verginale al suo Creatore, mentre le compagne ripetevano questa invocazione. 'Gesù, Maria, Giuseppe, abbiate pietà di lei, proteggetela'".

Avevano compiuto, senza saperlo, un desiderio di suor Marie Bernarde, la quale aveva sollecitato la grazia di morire ripetendo i dolci nomi di Gesù, Maria e Giuseppe".

Era il 16 aprile del 1879.

Giunti a questo punto, come condensare o riassumere il messaggio di questa vita attraverso anche le parole e le testimonianze delle sue consorelle?

Nella mia ricerca desidero riportare in particolare un'espressione di suor Bernadette raccolta da suor Joseph Caldariou: "Non cerchiamo che la gloria di Dio e la sua volontà".

Quella volontà che gli ha fatto dire, come abbiamo già letto: "Sono macinata come un chicco di grano".

E da quella "farina" di santa Bernadette Soubirous, sono circa 750 i milioni di persone che in questi 150 anni si sono portati alla Grotta di Massabielle, alla ricerca di uno sprazzo di Paradiso, per vivere e sperare su questa terra.

Monumento alla pastorella Bernadette nel santuario.

Ancora sugli ultimi giorni

In un colloquio con Madre Lèontine Villaret, Bernadette le confiderà la sintesi della sua vita e, soprattutto, degli ultimissimi tempi: “Sono macinata come un chicco di grano” ed ancora aggiunse: “Non avrei mai creduto che bisognasse soffrire tanto per morire”.

Una prova grandissima che Bernadette ha incontrato è stata quella appunto della sua salute malferma.

È noto che, alla domanda su quale fosse il suo impegno di suora, ella rispondeva, ma sempre con dolcezza: “Quello di essere malata”.

Col passare degli anni, la sua vicenda umana si è andata sempre più confondendo con quella della sua malattia.

Chi la visitò negli ultimi mesi della sua vita, nella sua “cappella bianca” (l’infermeria), vedrà un “ricettacolo di tutti i dolori”. Diceva: “La sofferenza passa, ma l’aver sofferto resta”. E ripeteva sempre agli altri e a se stessa: “Bisognerà imparare dalla sofferenza!... Non riesco a fare altro che pregare e soffrire... Patire tutto in silenzio per far piacere a Gesù, significa amare”.

Ad una suora amica di Lourdes arrivò a dire: “Accogli la malattia come una carezza”.

Nel suo libretto "Note intime" scriverà: "Devo meditare spesso sulle sofferenze che Maria, nostra buona Madre, ha sopportato... Come dovette essere profondo il dolore in quel cuore così sensibile della madre di Gesù, vedendo quel corpo tutto straziato di colpi...".

Sono parole di una spiritualità da grandi mistici!

Ad un'amica la cui famiglia era stata devastata da diversi lutti, Bernadette scriverà: "Dio mette alla prova quelli che ama. Tu dunque hai un particolare diritto ad un posto nel Suo Cuore divino; soltanto lì troverai la vera e solida consolazione... Vai a cercarlo più spesso che puoi questo divino Consolatore, soltanto Lui può capire un'anima nella desolazione".

Davvero stava arrivando agli ultimi scalini della perfezione umana per l'incontro definitivo con il Signore!

Lo studioso più accurato sui fatti e la vita di Bernadette Soubirous, Réné Laurentin, nelle sue lunghe ricerche, frutto di quindici anni di lavoro, scriverà che sono sette le prove che lei dovette affrontare come religiosa:

- L'addio alla sua terra, alla quale era e resterà legatissima.
- Le preoccupazioni per il suo stato di miseria, i lutti e i guai della sua famiglia.
- La curiosità altrui, il dover sottostare ad essere guardata come un animale in gabbia, anche du-

rante le visite dei Vescovi, ai quali le suore non potevano negare la presenza della veggente in convento.

- Le prove interiori e la lotta contro i difetti personali; la veggente dirà: "Ho ricevuto talmente tante grazie e temo di non aver saputo corrispondere".
- Il suo sentirsi inutile, l'essere trattata come una buona a nulla.
- La severità delle Superiore. Bernadette, che soffrirà molto a causa di madre Vazou e di madre Imbert (la sua superiora generale), dirà: "La santa Vergine non mi ha ingannata. Mi ha detto che non sarei stata felice in questo mondo, ma nell'altro. La prima parte l'ho già avuta".

E un giorno aggiungerà: "La Croce è il patrimonio degli amici che il Signore ama di più; quaggiù la sofferenza, in cielo la vera felicità".

Le malattie che l'hanno sempre accompagnata; li ultimi anni della sua vita li trascorrerà completamente in infermeria senza poter più uscire. Infatti la chiamerà "la mia cappella bianca".

Intanto cominciano per Bernadette gli addii: nel 1877 muore il parroco don Peyramale che, già amareggiato perché avevano distaccato il santuario di Lourdes dalle dipendenze della parrocchia, aveva dovuto interrompere anche la costruzione della nuova Parrocchia per mancanza di fondi.

Bernadette lo piangerà a lungo. Dopo la morte di

sua madre, era stato il suo legame più profondo.

Intanto il 28 marzo del 1878 riceverà l'Unzione degli Infermi per la quarta volta.

In questo penultimo anno della sua vita avrà la visita di suo fratello Jean-Marie. Bernadette verrà portata all'incontro su di una sedia e il dialogo sarà molto semplice: gli raccomanderà di essere un buon cristiano e, di fronte alle preoccupazioni del fratello sul suo stato di salute, cercherà di rassicurarlo minimizzando il tutto.

Dopo pochi mesi verrà a trovarla Toinette, la sorella e compagna dell'incontro dell'11 febbraio.

La sua situazione clinica è peggiorata. A stento riuscirà a parlare con sua sorella... saranno gli occhi a comunicare ed esprimere l'amore del cuore!

Bernadette farà togliere tutte le immagini sacre dal suo letto per conservare solo il crocefisso, quello che le aveva portato il vescovo di Nevers da Roma, quale dono del Pontefice.

Non le resta che un mese di vita. Eppure riesce ancora nella sua semplicità di vita e ricchezza d'animo a dare lezioni di spiritualità. Ad una consorella che le aveva portato un'immagine del Cristo, nel ringraziarla, scriverà: "Che buona ispirazione avete avuto. Sono più felice io con il mio Cristo accanto al letto, che una regina sul suo trono."

La malattia l'aveva consumata! Una consorella dirà: "Si è disseccata. La sua magrezza è spaventosa".

Negli ultimi di giorni di vita che precedono la morte il suo viso è congestionato. Il giorno dopo la Pasqua, 14 aprile, è stanchissima: non riesce più a tenere in mano neanche il crocefisso... è allora che con molte difficoltà dirà comunque: “Attaccatelo a me e stringete forte forte perché possa sentire sempre l’immagine di Gesù”.

Nelle ultimissime notti passate in bianco, lei si impone di non gridare, di non lamentarsi, ma avrà

Bernadette sul letto di morte.

anche degli attacchi da parte del demonio e a gran voce griderà "Vattene, Satana".

Giungerà così al suo ultimo giorno di vita: il 16 aprile 1879.

È circondata dalla sue consorelle che si alternano nell'infermeria. Per due volte ripeterà di seguito: "Santa Maria madre di Dio, pregate per me povera peccatrice".

Si muoverà tendendo le braccia ad una consorella vicina e guardandola attentamente... le si rivolge in una estrema richiesta di aiuto.

Bernadette chiese il foglio su cui era la benedizione speciale che Papa Pio IX le accordava per l'ora della morte. Le risposero che bastava averne interiormente l'intenzione, pronunciando con fervore il nome di Gesù. E così fece.

Verso le tre del pomeriggio griderà forte: "Mio Dio", quale gesto di grande abbandono filiale.

Ad una sua richiesta le verrà data dell'acqua da bere. Verso le tre e un quarto, prese il crocefisso tra le mani, baciò lentamente e devotamente le cinque piaghe del Signore. Dopo si farà un grande segno di croce... come aveva fatto quell'11 febbraio mattina quando vide "Aquerò", e reclinerà il capo.

Bernadette era tornata a rivedere la Bianca Signora dopo 21 anni da quell'11 febbraio e dopo 13 anni di vita da religiosa.

Aveva 35 anni. Erano le 15,15 del 16 aprile 1879.

Come d'incanto, subito dopo la morte il suo

volto è tornato giovane e riposato. Suor Gonzaga Chanmpy scriverà: “La sua morte fu quella di una santa, la sua pazienza nelle ultime sofferenze fu ammirevole, era felice di lasciare questa vita. Diceva: ‘sono felice di rivedere la mia Mamma del cielo’”.

Dovranno passare tre giorni prima di celebrare il funerale e la sepoltura nella Cappella del Convento chiamata san Giuseppe. Tutta Nevers e non solo, accorre per rivedere “la santa di Lourdes”.

Al momento della chiusura della doppia bara, un operaio, prima di chiudere il coperchio della bara, se ne uscirà dicendo: “Che peccato”!

Tra le mani stringerà il Crocefisso, così come aveva fatto negli ultimi tempi, anche per lasciare un messaggio ed un simbolo a tutti noi: crocefissa su di un letto di dolore per ripetere, come Maria, il suo “sì” alla Volontà di Dio padre.

Preghiamo con Bernadette

“O Madre mia, è nel tuo cuore che vengo a deporre le angosce del mio cuore e ad attingervi forza e coraggio”.

“O Maria, tu sei diventata mia madre nel culmine del dolore e della prova. Devo avere, dunque, grande fiducia in Te”.

“Non più la mia volontà mia buona Madre, ma la tua che è sempre quella di Gesù”.

Bernadette...
un miracolo permanente

Per salire verso il Padre che mi attende e mi ama. Per entrare nella festa fin dall'inizio del cammino, dopo aver camminato, portando le mie gioie, le mie pene, sempre chiedendoti di darmi la mano.
Per favore Bernadette prestami i tuoi zoccoli.

L’urna con il corpo incorrotto a Nevers.

Il corpo di santa Bernadette

Bernadette morì il 16 aprile del 1879 verso le ore 15,15 nell'Infermeria della Santa Croce del convento di San Gildard, a Nevers.

Aveva 35 anni ed erano passati tredici anni da quando vi arrivò la prima volta: il 7 luglio del 1866.

L'avevano trasportata davanti al caminetto dove vi avevano acceso un bel fuoco e l'avevano adagiata su di una poltrona, che ancora è conservata nel monastero, con i piedi poggiati sopra uno sgabello.

Il richiamo della sua dipartita in città fu così grande che le suore dovettero chiedere alle autorità civili un permesso per poterla mostrare per qualche giorno. Fino al sabato 19 aprile, per tre giorni, la gente poté rivedere e salutare per l'ultima volta la piccola veggente di Lourdes.

Il suo corpo fu quindi deposto in una doppia bara "di piombo e di quercia, che venne sigillata in presenza dei testimoni che firmarono il verbale".

Le suore del convento si erano adoperate affinché il corpo restasse sepolto in convento e, con il permesso anche del vescovo di Nevers, fu posto nella cappellina in fondo al loro giardino, nella chiesetta dedicata a San Giuseppe.

Il permesso arrivò il 25 aprile e solo il 30 aprile il prefetto della Provincia approvò il luogo della sepoltura.

Il 30 maggio, nella semplicità più estrema, il suo corpo veniva messo nella tomba ricavata nel pavimento della Chiesa di san Giuseppe.

Trascorreranno ben quarantatré anni prima che la bara sarà nuovamente aperta.

Nell'autunno del 1909 finì il processo sul cammino di santità, sulle sue virtù e miracoli.

Secondo le leggi canoniche occorreva procedere ad una ricognizione del corpo, cioè alla verifica del suo stato e alla sua identificazione canonica.

Ciò avvenne la mattina del 22 settembre. Alle 8,30 di quel mercoledì il vescovo di Nevers, monsignor Gauthey, con il Tribunale ecclesiastico, dopo aver giurato sul santo Vangelo, insieme all'abate Perreau, l'allora madre Generale Marie Josephine Forestier con la madre assistente, i medici Jourdain e David con due muratori e falegnami, erano tutti nella Cappella di San Giuseppe.

Tolta la pietra apparirà la cassa che verrà trasportata nel Convento al "Pavillon", dove era stato preparato un tavolo per accogliere il corpo della Venerabile o, eventualmente le sue ossa.

Una volta che verrà svitata la cassa di legno e tagliata quella di piombo, il corpo di Bernadette apparirà perfettamente conservato e soprattutto, non emanerà cattivo odore.

Le suore che erano state presenti alla sua morte, faranno notare che le mani e il suo volto si erano inclinati verso sinistra.

È opportuno rileggere ciò che fu scritto per gli atti, dai due medici: “La bara è stata aperta in presenza del vescovo di Nevers, del sindaco della città, del primo aggiunto, di molti canonici e nostra. Non abbiamo percepito nessun odore. Il corpo era ricoperto dell'abito religioso, che era umido. La faccia, le mani e gli avambracci soltanto erano scoperti. La testa era inclinata a sinistra, il volto era di un bianco cereo, la pelle aderente ai muscoli e i muscoli attaccati alle ossa. Le palpebre infossate coprivano gli occhi. Le sopracciglia erano attaccate alle arcate sopraciliari e aderenti alla pelle, come i cigli della palpebra superiore destra.

Il naso era incartapecorito e affilato. La bocca leggermente semiaperta lasciava intravedere i denti ancora attaccati. Le mani incrociate sul petto, perfettamente conservate con le unghie, tenevano ancora un rosario corroso dalla ruggine. Si distingueva sull'avambraccio il rilievo delle vene. I piedi erano incartapecoriti come le mani e avevano le unghie (una era stata strappata nel sollevare il corpo). Dopo aver tolto gli abiti e i veli sulla testa, si vide l'intero corpo rigido incartapecorito, sonoro in ogni sua parte. Si constatò che i capelli, tagliati corti, erano attaccati al cuoio capelluto, che gli orecchi erano perfettamente conservati, che il lato sinistro del corpo, a partire dall'anca, era rialzato rispetto al lato destro. Il ventre era incavato e sonoro come tutto il resto del corpo che, alla percussione, risuonava come il cartone. Il ginocchio sinistro era meno grosso del destro. Le costole erano sporgenti e così anche i muscoli delle membra. La rigidità permetteva di girare e rigirare il corpo per lavarlo. Le parti inferiori del corpo erano nerastre. Questo sembra essere causato dalla grande quantità di carbone trovato nella bara.

Di tutto ciò, in fede, abbiamo redatto il presente certificato, conforme a verità.

In Nevers, il 22 settembre 1909.

Dr. Ch. David, dr. A. Jourdain"

L'infermeria con il letto e la poltrona di Bernadette.

Questo il racconto del verbale che testimonia il fenomeno biologico abbastanza raro, anche se non si parla di miracolo vero e proprio.

Intervennero quindi le sue consorelle che lavarono il corpo e lo misero in una nuova bara, questa volta foderata di zinco e imbottita di seta bianca, ma, nelle poche ore che il corpo fu esposto all'aria, esso si annerì.

La bara fu saldata, avvitata e poi sigillata con sette sigilli; quindi gli operai riportarono nella cappella di San Giuseppe il corpo di Bernadette.

La cronaca del convento ci dice anche l'ora in cui fu terminato il tutto: le 17,30.

Occorre aggiungere a commento di questa prima esumazione, che il corpo di Bernadette, la sua mummificazione, è piuttosto strana; lei aveva un fisico gracile, una tubercolosi ossea, l'asma: questo tipo di malattie avrebbero dovuto aiutare una facile decomposizione.

A queste cose occorre anche aggiungere l'umidità della cappella dove fu sepolta, che aveva fatto riscontrare all'apertura della bara, gli abiti bagnati, il rosario arrugginito e il crocifisso che portava tra le mani, diventato verde-rame.

Quindi il corpo avrebbe dovuto disintegrarsi facilmente...

Ma il suo corpo "miracolosamente", per il senso comune, era intatto!

Passeranno dieci anni per la seconda ricognizione del corpo che avvenne il 3 aprile del 1919.

Ciò avvenne ben sei anni dopo che Papa Pio X introdurrà la causa di beatificazione, con la firma del decreto di venerabilità in data 13 agosto.

Il processo inizierà nel 1919, alla fine della prima guerra mondiale.

Si ripeterà lo stesso rito della prima ricognizione.

Il vescovo era monsignor Chatelus e i medici il dottor Talon e Comte.

Questa volta, raccontano le cronache del convento, i medici, dopo la ricognizione, furono messi in due camere diverse per scrivere il verbale del loro lavoro.

Ciò che i medici scriveranno indipendentemente l'uno dall'altro, concorderà perfettamente con ciò che avevano dichiarato i medici della prima ricognizione.

Ma anche questa volta leggiamo il verbale dei medici:

"All'apertura della bara, il corpo appare assolutamente intatto, senza odore (non emana nessun odore di putrefazione, nessuno dei presenti è disturbato), quasi mummificato, ricoperto di qualche macchia di muffa e di uno strato notevole di sali che sembrano sali calcarei. Lo scheletro è tutto intero e il corpo si è potuto trasportare su una tavola senza la minima difficoltà. In alcuni punti la pelle è scomparsa ma rimane sulla maggior parte del corpo. Alcune vene sono sporgenti".

Anche in questa seconda ricognizione l'orario della nuova inumazione nella cappella di san Giuseppe sarà intorno alle 17 e come sempre, alla presenza del vescovo, della madre generale e del locale commissario di polizia.

Dovranno passare solo sei anni perché si giunga finalmente alla ricognizione del corpo per prelevare le reliquie che sarebbero servite per portarle a Roma, a Lourdes, alle case delle suore.

Il 18 novembre dell'anno precedente infatti il Papa aveva firmato il decreto sull'eroicità delle virtù di Bernadette. Non restava che passare alla beatificazione.

A procedere a questa terza ricognizione furono gli stessi medici che avevano già effettuato la seconda: il dottor Talon e il dottor Comte (con l'incarico quest'ultimo, come chirurgo, di prelevare le parti per le reliquie).

Il tutto avvenne il 18 aprile del 1925, alla presenza, come prescritto secondo le leggi canoniche, delle suore, del vescovo, del tribunale ecclesiastico, di alcuni testimoni e dei delegati delle autorità civili.

La ricognizione fu preceduta ovviamente dal rito del giuramento nella cappella del convento.

È bene meditare su alcune righe del rapporto scritto dai medici su quell'operazione.

Il dottor Comte scrive: "Su richiesta del vescovo di Nevers, ho prelevato come reliquie la parte anteriore delle costole quinta e sesta del lato destro, e ho constatato che esisteva nel torace una massa dura, resistente, che era il fegato ricoperto dal diaframma. Ho preso anche come reliquia un frammento del diaframma e del fegato sottostante, e ho potuto constatare che quest'organo era rimasto in uno stato di conservazione notevole. Così pure ho prelevato le due rotule ricoperte di pelle aderente e circondate da aderenze e da materiale calcareo e, infine, presi due frammenti di muscolo sulle parti esterne delle cosce a destra e sinistra. Anche questi muscoli erano in ottimo stato di conservazione e non sembravano aver subito la minima putrefazione".

Qualche anno dopo il dottor Comte per conto del santuario di Lourdes scriveva: "Avrei voluto aprire il torace a sinistra per prendere le costole come reliquie, e asportare poi il cuore che certamente doveva ancora esistere, ma a causa dell'inclinazione del tronco sul braccio sinistro, sarebbe forse stato più difficile ricercare quest'organo senza produrre tagli troppo marcati. Poiché la madre generale aveva manifestato il desiderio che il cuore della santa fosse conservato con l'intero corpo, e dato che il vescovo non aveva insistito ho rinunciato ad aprire il lato sinistro del torace e mi sono limitato a togliere due costole dal lato destro, che era più abbordabile...

Ciò che mi ha colpito in questo esame, è la evidente perfetta conservazione dello scheletro, dei legamenti e della pelle, la morbidezza e la tonicità dei muscoli e soprattutto lo stato imprevisto del fegato, dopo 46 anni.

Sembra che quest'organo essenzialmente friabile e molle si sarebbe dovuto decomporre assai rapidamente, oppure avrebbe potuto calcificarsi o indurirsi, mentre invece tagliandolo presentava una consistenza tenera e quasi normale; ho fatto notare ciò ai presenti, dicendo loro che il fatto non mi sembrava dell'ordine naturale".

Le operazioni per la conservazione del corpo della venerabile consistevano nel fasciarlo, cosa che fu fatta dal dottor Comte, lasciando ovviamente scoperte le mani e il volto.

Il volto incorrotto di Bernadette.

Delle mani e del volto furono prese dei calchi per farne fare due leggere maschere di cera, da una ditta specializzata di Parigi.

Intanto il corpo fu lasciato nella cappella di Sant'Elena, che fu sigillata.

L'urna, commissionata alla ditta Armand Caillat-Cateland di Lione, non era pronta quando Bernadette fu proclamata beata il 14 giugno 1925, da Pio IX in San Pietro.

La sistemazione definitiva avvenne solo il 18 luglio.

Le cerimonia, suggestiva per i presenti, fu molto semplice. Il corpo fu rivestito di un nuovo abito da parte delle suore e lo scultore le pose le maschere di cera sul volto e sulle mani. Dalla sala del Noviziato, il corpo condotto processionalmente, venne messo nell'urna.

Ricognizione del corpo di Bernadette.

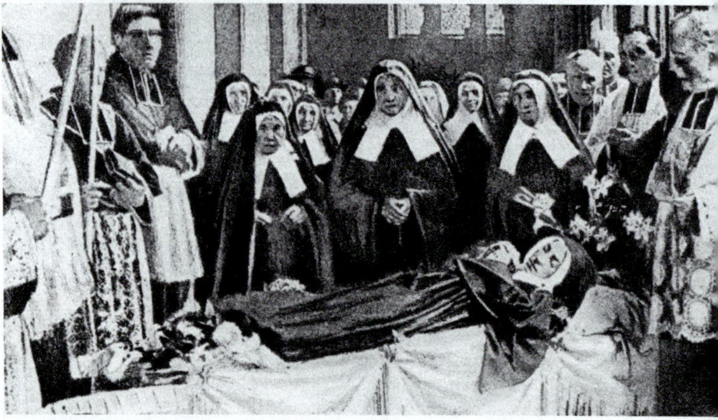

Era il 3 agosto sera quando l'urna fu posta nell'attuale cappella del convento San Gildard di Nevers.

Per solennizzare l'avvenimento le suore celebrarono un triduo.

Da quel giorno ad oggi, nel silenzio e nella penombra, Bernadette accoglie i pellegrini devoti e i curiosi che davanti a "tanta pochezza" umana restano con l'interrogativo comune a tutti: "ma è proprio lei?".

Ed è commovente guardarla mentre i suoi occhi sembrano trattenere per l'eternità la bellezza per eccellenza, contemplata alla vecchia Roccia del suo paese lontano, e quelle mani incrociate avvolte nel rosario sembrano riportarci ai giorni nei quali lei, fortunata, ha potuto recitare la corona con la Regina del Cielo, ma soprattutto ci richiama a quelle parole del Vangelo "Ti rendo lode, Padre, Signore del cielo e della terra, perché hai nascosto queste cose ai sapienti e ai dotti e le hai rivelate ai piccoli. Sì, o Padre, perché così hai deciso nella tua benevolenza" *(Mt 11,25-26)*.

L'11 febbraio 2008, l'UNITALSI romana-laziale, dal Santuario di Lourdes ha avuto il raro privilegio di poter portare a Roma, nella Basilica di San Pietro il reliquiario della Santa, custodito nell'altare a lei dedicato.

Prima di quella tappa è giunto nell'omonima Parrocchia di Roma a lei dedicata e quindi a Palombara Sabina, Latina e Palestrina.

Una tappa emozionante è stata quella all'interno del carcere romano di *Regina Coeli*: lei che voleva da ragazzina andare a visitare il suo papà carcerato, andrà ad incontrare centinaia di carcerati confratelli del suo papà...

In un certo qual senso si è infranta quella riservatezza e quel nascondimento che hanno segnato la sua vita, facendo si che migliaia di turisti, fedeli e devoti di Lourdes rendessero gloria a Dio.

Uno scrittore francese al termine del suo romanzo scrive: "Tutto è grazia".

La stessa cosa possiamo dire noi davanti all'avventura del corpo di questa piccola suora, grande santa!

L’altare dedicato a santa Bernadette nel santuario a Lourdes.

11 febbraio 2008: Bernadette a Roma

Raccontare questo giorno non sarà facile! Per le migliaia di persone che lo hanno vissuto resterà indelebile nella memoria e nel cuore! Questa giornata per la famiglia dell'UNITALSI (olim: quelli dei treni bianchi, anche se oggi oltre ai pellegrinaggi ci si interessa di case famiglia per disabili e di accoglienza bambini, tanto per dare solo qualche informazione), inizia mesi e mesi prima per terminare l'11 febbraio. L'avvenimento che ci riporta alla memoria i centocinquanta anni della prima apparizione ha avuto inizio proprio l'11 febbraio 2007, con l'incoronazione della statua della fiaccolata di Lourdes, da parte di Sua Santità Benedetto XVI. A partire da quel giorno la statua ha visitato tutte le diocesi italiane, e in settembre, è stata riportata a Lourdes per il pellegrinaggio nazionale UNITALSI e per il giubileo dei malati. Ma le sue visite, ancora una volta, sono terminate a Roma il 7 e 8 dicembre: nella basilica di Santa Maria Maggiore. Questa volta un evento speciale ha preceduto l'11 febbraio: il reliquiario di santa Bernadette Soubirous, custodito nel santuario di Lourdes, è giunto per pochi giorni a Roma ed è stato prima nella parrocchia di Palombara Sabina, accolto da centinaia persone, in presenza del vescovo diocesano, e poi a Santa Domitilla in Latina, per arrivare nella parrocchia dedicata alla Santa nella capitale. Era la prima volta che il reliquiario usciva dal santuario! Tra gli eventi più significativi, la santa Messa di giovedì sera, celebrata dall'assistente regionale UNITALSI don Gianni Toni, venerdì la partecipazione di monsignor Armando Brambilla, ausiliare di Roma e, sabato pomeriggio, una grande festa con tutti i bambini che ogni anno prendono parte al treno di Loreto. Si tratta di bambini speciali che hanno bisogno di un cuore che li ami in maniera particolare...

Domenica 10 una "trasferta": il reliquiario è stato portato nel carcere romano di Regina Coeli dove è stata celebrata la santa Messa per i "compagni" del papà di Bernadette: Francesco, infatti, aveva provato il carcere! Lunedì, giorno dell'apparizione, in ricordo di quei 150 anni, alla stessa ora, il reliquiario è stato portato nella Basilica Vaticana, scortato dalla Fanfara Nazionale dell'Arma dei Carabinieri e soprattutto da decine di compagni di vita di Bernadette: i malati. Tutta via della Conciliazione era un fiume in piena di devoti della Madonna! Dopo la recita dell'Angelus, in comunione con il santuario di Lourdes, il cardinal Comastri ha ricordato a quanti riempivano la Basilica Vaticana il senso di quel lontano giovedì, 11 febbraio, del 1858. Ancora una volta si è giunti al pomeriggio che vede per tradizione i malati e volontari dell'UNITALSI, insieme ai pellegrini dell'Opera Romana Pellegrinaggi, riunirsi per recitare il rosario, così come fece Bernadette davanti ad "Aquerò", (cioè la Madonna). La santa Messa, presieduta dal cardinal Barragan, delegato del Santo Padre e con la partecipazione del cardinal Comastri, del cardinale Re e del vescovo Moretti e Brambilla, è stato il momento più forte di questo appuntamento.

Nei commenti della santa Messa, l'assistente regionale, don Gianni Toni, evidenziava la volontà di voler essere in comunione con tutti i pellegrini, malati e devoti di Lourdes, ma anche esortava a cercare di vivere imparando dall'esempio di

L'urna del reliquiario di santa Bernadette nella grotta nei Giardini vaticani l'11 febbraio 2008.

Bernadette che tutto offrì delle poche gioie e delle sue tante sofferenze. Lo scopo era di evidenziare che la santità non è stata per Bernadette un dono, ma un cammino spesso aspro, vissuto da lei in un silenzio operoso e ricco di offerta di se stessa. Al termine, il reliquiario è stato portato all'interno del Vaticano, nella grotta, atteso da circa trecento francesi, della comunità romana, con più di cinquanta bambini.

Il giorno 12, dopo un'ultima celebrazione eucaristica, la parrocchia romana che aveva accolto l'urna, l'ha salutata con gli occhi di tantissimi presenti rigonfi di lacrime ma con il cuore colmo di gioia per il dono ricevuto. Per pochissime ore è stata la cattedrale di Frascati luogo di sosta del reliquiario. La cattedrale, in quest'occasione, è diventata insufficiente per le centinaia di persone che sono rimaste in piazza, e davanti alle quali, il vescovo Matarrese si è lasciato prendere dall'emozione!

In serata il reliquiario è stato accompagnato nella cattedrale di Palestrina dove la notte è stata riempita di preghiere, rosari ed emozioni. Al mattino, dopo la concelebrazione di tutti i sacerdoti prevestini con il vescovo Sigalini, è ripartito per Roma e quindi per Lourdes.

Il reliquiario davanti alla grotta in Vaticano.

Cara Bernie*

Cara Bernie, è così che ti abbiamo affettuosamente chiamato da quando sei entrata nella nostra vita, sei una di noi ormai, con te, grazie a te, abbiamo vissuto un'esperienza indimenticabile.

Ieri alla fine della Messa sembrava che partisse un'amica e non la reliquia di una santa.

Ti abbiamo percepito come una presenza vera, viva, che ha parlato ai nostri cuori; è stato difficile in questi giorni di intenso lavoro e di fatica trovare il tempo di fermarci tutti insieme per stare con te, e allora abbiamo ritagliato questo momento tutto per noi, solo per noi, che ci siamo così tanto impegnati e che continueremo a farlo, per dirti innanzitutto grazie.

Grazie per questi momenti di preghiera, di riflessione, grazie per l'occasione che abbiamo avuto di stare insieme, di incontrare persone, di ascoltare storie, di vivere in modo speciale il nostro essere UNITALSI.

Noi abbiamo lavorato insieme in questi giorni, sacrificando tanto del nostro tempo, impegnandoci perché tutto andasse per il meglio, perché tu avessi l'accoglienza che meriti; noi siamo qui oggi, per fermarci un attimo, per pregare insieme e godere ancora un po' della tua compagnia, cara Bernie.

Mi ha colpito molto la commozione delle persone ieri mentre lasciavi la parrocchia che ti ha ospitato qui a Roma; ci hai lasciato un compito importante: tenerti viva e presente nella nostra vita in tutto quello che di bello facciamo nelle nostre giornate. Soprattutto nel nostro servizio possiamo prenderti come esempio.

Ci aspettano altri giorni impegnativi, faticosi, tu ci proteggi e ci guidi, ci rendi consapevoli che non siamo noi a scegliere il nostro servizio, anche quando ci pesa, anche quando avremmo preferito fare altro; è il Signore che ci chiama e, adesso, pensando a te, alla tua vita, non possiamo che dire sì. Oggi Bernie, ti abbiamo portato a casa nostra ed è qui in questo magazzino che vogliamo ancora per un po' stare con te; qui noi lavoriamo, qui viviamo la fatica di un impegno grande, qui a volte cerchiamo di ricomporre le nostre incomprensioni, questa è davvero casa nostra, un semplice magazzino un po' come la grotta di Betlemme e la grotta dove mangiavano i maiali a Lourdes.

A Betlemme, grazie al sì di Maria, è nata la Speranza dell'umanità e noi in questo magazzino semplice e umile, ogni giorno cerchiamo di mantenere viva quella speranza da cui non può che nascere un sorriso e un sì incondizionato a Dio, come ci hai insegnato tu, Bernie.

In fondo, credo che anche tu stia bene qui, ti sei paragonata ad una scopa che dopo l'uso si ripone lontana da tutti. Oggi sei qui al centro, vicina a noi, prezioso segno che il Signore ci ama e ama tutto quello che di buono facciamo per i nostri fratelli.

E allora Bernie, da oggi insegnaci anche a continuare il nostro lavoro, ad impegnarci instancabilmente ogni giorno. Aiutaci a comprendere che esiste un solo modo di amare come ama Dio ed è servire il prossimo, donare un sorriso, tendere una mano a chi sta in difficoltà, a chi ha bisogno di noi, aiutaci a fare tutto questo con umiltà... dietro le quinte...

Dovremo rendere conto di quanto amore abbiamo saputo dare, di quanti sorrisi abbiamo suscitato, di quanto ci siamo sacrificati, e non di quante processioni o celebrazioni abbiamo presenziato. Noi abbiamo bisogno di te, Bernie: indicaci sempre la strada del vero servizio.

* *Dal magazzino di Roma città, 13 febbraio 2008 lettera scritta dai "giovani unitalsiani romani"*

Concelebrazione alla Grotta.

Bernadette racconta le apparizioni

Bernadette ha raccontato spesso le apparizioni: da domenica 21 febbraio 1858, davanti al commissario di polizia, a domcnica 8 luglio 1866, giorno del suo arrivo a Nevers, davanti alle suore. Le ha inoltre scritte sette volte di suo pugno. Ho collezionato e raccolto in uno solo questi sette racconti simili, distribuiti dal 28 maggio 1861 al 12 maggio 1866 (pubblicato in sette colonne in *Lourdes, storia autentica delle apparizioni*, e anche in un solo racconto in *Bernadette racconta le apparizioni*, ed. Lethielleux). Ecco l'inizio e la fine di questo limpido racconto.

Prima apparizione, 11 febbraio 1858

"La prima volta che andai alla grotta era giovedì 11 febbraio. Andavo a raccogliere legna con altre due ragazzine. Quando arrivammo al mulino, chiesi loro se volevano vedere dove l'acqua del canale si congiungeva al Gave. Mi risposero di sì. Di là seguimmo il canale e ci ritrovammo davanti a una grotta senza poter proseguire. Le mie due compagne si misero subito ad attraversare l'acqua che si trovava davanti alla grotta. L'attraversarono. Si misero a piangere. Chiesi loro perché piangessero. Mi risposero che l'acqua era molto fredda. Le pregai di aiutarmi a buttare delle pietre nell'acqua per tentare di passare senza togliere le scarpe. Mi dissero di fare come loro, se volevo. Andai un po' più lontano per vedere se potevo passare senza togliermi le scarpe, ma non trovai un passaggio.

Allora ritornai davanti alla grotta e iniziai a levarmi le scarpe. Mi ero appena tolta la prima calza quando udii un rumore come se ci fosse stato un colpo di vento. Allora girai la testa dalla parte del prato (dal lato opposto della grotta). Vidi che gli alberi non si muovevano. Allora ho continuato a togliermi le scarpe. Udii ancora lo stesso rumore. Non appena alzai la testa, guardando la grotta, scorsi una signora bianca.

Aveva un abito bianco, un velo bianco e una cintura azzurra e una rosa gialla su ogni piede, colore della corona del suo rosario. Allora fui un po' spaventata. Credevo di sbagliarmi. Mi strofinai gli occhi. Guardai ancora e vidi sempre la stessa signora. Misi la mano in tasca e trovai il rosario. Volevo fare il segno di croce. Non riuscii a portare la mano alla fronte. Mi ricadde. Allora l'emozione si impadronì di me più forte. La mia mano tremava. Ma non me ne importava un bel niente.

La signora prese il rosario che teneva tra le mani e fece il segno della croce. Allora tentai anch'io per la seconda volta e potei. Non appena l'ebbi fatto, il grande tremore che provavo disparve. Mi misi in ginocchio. Ho recitato il rosario in presenza di quella bella signora. Quando ebbi recitato il rosario, mi fece segno di avvicinarmi, ma io non ho osato.

Allora sparì, di colpo.

Mi tolsi allora l'altra calza per attraversare la poca acqua che c'era davanti alla grotta (per raggiungere le mie compagne) e tornammo indietro.

Strada facendo ho chiesto alle mie compagne se avevano visto qualcosa.

'No', mi risposero.

Gliel'ho chiesto un'altra volta. Mi dissero che non avevano visto nulla. Ed aggiunsero:

'E tu hai visto qualcosa?'.

Allora io dissi loro:

'Se non avete visto niente voi, nemmeno io'.

Credevo di essermi sbagliata. Tornando indietro, per tutta la strada, mi chiedevano cosa avessi visto. Tornavano sempre sull'argomento. Non volevo dire nulla ma mi pregarono talmente che [mi] decisi a raccontare, ma a condizione che non lo riferissero a nessuno. Mi promisero di mantenere il segreto. Ma appena arrivate a casa, nulla fu più urgente che raccontare ciò che avevo visto. Questo accadde la prima volta".

L'apparizione del 25 marzo 1858

"Mi ripetè molte volte che dovevo dire ai sacerdoti di fare una cappella e di andare alla fontana per lavarmi e che dovevo pregare per la conversione dei peccatori.

Nello spazio di quei quindici giorni, mi diede tre segreti e mi proibì di rivelarli ad alcuno. Sono stata fedele fino a questo momento.

Dopo quindici giorni, le ho chiesto di nuovo tre volte di seguito chi era. L'apparizione sorrideva sempre. Allora, tenendo le braccia distese lungo il corpo, alzò gli occhi guardando il cielo e poi mi disse, congiungendo le mani all'altezza del petto, di essere l'Immacolata Concezione.

Queste sono state le ultime parole che mi ha rivolto.

Aveva gli occhi azzurri".

Diario dedicato alla Regina del cielo (1866)

"Com'era felice la mia anima, o buona Madre, quando avevo la fortuna di contemplarvi! Quanto mi è caro ricordare quei dolci momenti trascorsi sotto i vostri occhi pieni di bontà e di Misericordia per noi. Sì, tenera Madre, vi siete abbassata fino a terra per apparire a una debole fanciulla [...]. Voi, Regina del Cielo e della Terra, avete voluto servirvi di ciò che di più umile c'era, secondo il mondo".

Santa Bernadette

Omaggio per il 150°, dagli artisti delle infiorate d'Italia.

Il primo racconto autografo redatto dalla stessa Bernadette

28 maggio 1861

"Andai in riva al Gave per raccogliere legna insieme a due compagne. Attraversato un piccolo corso d'acqua, si misero a piangere. Chiesi loro perché piangessero.

Mi risposero che l'acqua era fredda. Le pregai di aiutarmi a gettare delle pietre nell'acqua per passare senza scalzarmi, mi risposero che dovevo fare come loro. Allora, mi allontanai un po' per vedere se potevo passare senza scalzarmi. Non potei. Allora tornai davanti alla grotta per scalzarmi. Stavo per farlo quando sentii una voce. Mi girai verso la prateria, vidi gli alberi che non si muovevano affatto. Continuai a scalzarmi, sentii la stessa voce. Sollevai la testa guardando la grotta. Vidi una Signora vestita di bianco: aveva un abito bianco con una cintura azzurra ed una rosa gialla su ogni piede, del medesimo colore della catena del suo rosario. Quando ebbi visto ciò, mi strofinai gli occhi, credetti di essermi ingannata. Misi la mano in tasca, trovai il mio rosario. Volevo fare il segno della croce ma non riuscii a portare la mano alla fronte: mi cadde. La visione fece il segno della croce. Allora, la mia mano tremava, provai a farlo e ci riuscii. Stringevo il mio rosario, la visione faceva scorrere i grani del suo, ma non muoveva le labbra. Quando ebbi finito il rosario, la visione sparì all'improvviso. Chiesi alle mie piccole amiche se avessero visto anche loro, ma mi risposero di no. Mi chiesero di cosa si trattasse, che dovevo dirlo. Allora, dissi che avevo visto una Signora vestita di bianco, che non sapevo chi fosse, ma che non dovevano dirlo. Poi mi dissero che non dovevo più ritornare e dissi loro di no.".

Intervista del Reverendo Febvre

Il Reverendo Febvre, aveva sostituito il Padre Douce, nell'ottobre 1876, come cappellano del convento di Saint Gildard. Ecco come le è apparsa Bernadette durante questi due anni e mezzo:

1) Molto attenta, quando si parlava delle cose di Dio (...). Lei ringraziava.

2) Allegra. Quando lei stava bene, faceva delle corse in giardino, saltando con le più giovani.

3) Motti di spirito e arguzie e variazioni d'umore: provvidenza, che spesso la premuniva da affetti troppo vivi. L'avrebbero troppo coccolata... Selvatichezze contro le visite dal di fuori: sua ripugnanza manifesta, a riceverle.

4) Effusione, lasciarsi andare maggiormente con certe persone; (…) allora lei parlava delle cose di Lourdes, senza che si volessero tirar fuori una dopo l'altra. È quando lei non s'accorgeva dello spirito di curiosità e non d'ingenuità, come era del suo carattere.

5) Sguardo pieno di espressione, penetrante (...).

6) La sua preoccupazione costante, affiorante in certe occasioni (...): pregare per i peccatori.

7) Quando lei era abbattuta per la malattia - preoccupata - la sua fisionomia era simile alla fotografia (segnata sulla fronte): questo tipo di Bernadette Mater Dolorosa, a Nevers, in molte occasioni - rinforzato... più ancora riflessivo.

8) Attivissima, non potendo sopportare l'oziosità; anche nel suo letto, sempre un lavoro tra le mani.

9) Lei è stata più tribolata di quanto non abbia lavorato. Le virtù passive erano abbondanti in lei: vita di pazienza - santificata per l'azione divina - messa in una forma e sfaccettata e formata dalla Croce.

Parole celebri di Bernadette

Al termine del racconto di questa piccola-grande santa, ci sembra quanto mai opportuno concludere lasciando, come meditazione, le parole celebri di santa Bernadette.

Esse sono un po' il compendio di vita della veggente di Lourdes che certamente riassumono in maniera quanto mai efficace il suo pensiero ed il suo messaggio.

"Io la guardavo finché potevo. Lei mi guardava come una persona che parla ad un'altra persona".

"Non sono incaricata di farvelo credere, sono incaricata di riferirvelo".

"La Grotta era il mio Cielo".

"Amo accudire i poveri, amo curare i malati. Resterò con le Suore della Carità di Nevers".

"Sono la scopa di cui la Vergine si è servita. Che cosa si fa di una scopa una volta che si finisce di usarla? La si mette dietro la porta. È il mio posto. E ci resto".

" Quando si cura un malato, bisogna allontanarsi prima di ricevere un ringraziamento. Si è sufficientemente ricompensati dall'onore di prestargli delle cure".

"Quando si ama Nostro Signore tutto diventa facile".

"Pensavo che il buon Dio lo volesse! Quando si pensa che il buon Dio lo consente, non ci si lamenta".

"Quando leggo la passione, sono più colpita di quanto non lo sia quando qualcuno me la spiega".

"Non vivrò un solo istante senza trascorrerla ad amare. Colui che ama fa tutto senza fatica, oppure ama la sua fatica".

"Gesù solo come Fine,
Gesù solo come Maestro,
Gesù solo come Guida,
Gesù solo come Gioia,
Gesù solo come Ricchezza,
Gesù solo come Amico!"

"Accettate ogni mia lacrima, ogni grido del mio dolore, come una supplica per coloro che soffrono, per tutti coloro che piangono, per tutti quelli che vi dimenticano".

Qual è il messaggio di Bernadette?

"Bernadette n'ètait qu'une pauvre idiote" (Bernadette non era che una povera idiota).

Queste parole sarcastiche furono pronunciate da Émile Zola, lo scrittore razionalista che combattè la verità di Lourdes in modo vergognosamente irrazionale fino a mistificare i fatti e ad offrire denaro, affinchè alcuni (e tra questi una miracolata!) dessero false testimonianze.

I semplici non hanno trovato di solito molta simpatia nella gente che conta e nel cuore e nella mente dei cosiddetti letterati.

È bene ricordare infatti che l'11 febbraio, giorno della prima apparizione, era la festa di santa Genoveffa, secondo le indicazioni liturgiche della diocesi di Tarbes alla quale apparteneva la città di Lourdes. Anche santa Genoveffa era una ragazza semplice. Una semplice coincidenza? Con una piccola attenzione vedremo che vi è un legame con Bernadette.

Così infatti la pensava anche Joris Karl Huysmans, scrittore ateo e bestemmiatore, che si fece cattolico tradizionalista e che volle morire in un monastero.

Nel suo libro *Les foules de Lourdes*, a proposito delle apparizioni scriverà: "Quel giorno si celebrava in quella diocesi la festa della patrona delle pastorelle! Non è significativa la scelta di questa festività?

Essa conferma ancora una volta la predilezione del Cristo e di Sua Madre per la gente umile, per le persone della campagna, quelle che hanno conservato, lontano dalle città, la professione biblica dei Patriarchi, delle quali Bernadette faceva parte."

E lo scrittore aggiunge: "Si può anche notare che i due personaggi del XIX secolo più celebrati per la loro santità, il Curato d'Ars e don Bosco, hanno anch'essi custodito le greggi, nella loro infanzia".

Vi è ancora un legame, se si vuole, tra la festeggiata dell'11 febbraio, Genoveffa, e Bernadette: la veggente di Lourdes verrà invitata dalla santa Vergine a far scaturire una sorgente d'acqua e santa Genoveffa a guarire miracolosamente la madre, che era divenuta cieca, con l'acqua!

E come a Bernadette la santa Vergine chiese di andare dai sacerdoti per far costruire una cappella, così santa Genoveffa farà pressioni presso il clero di Parigi perchè si desse inizio ad una chiesa per onorare san Dionigi, il vescovo parigino.

Réné Laurentin che, in venti anni di ricerche meticolose ha puntualmente ricostruito la vicenda di Lourdes, e l'ha raccontata in tredici grossi volumi, non potrà non fare sue le parole di uno dei vescovi che ha amato e lavorato per Lourdes in maniera eccezionale, monsignor Pierre Marie Thèas: "Lourdes non ha bisogno che di verità".

E la Madonna a Lourdes ha "gridato" il Vangelo: quel libro che noi cristiani spesso dimentichiamo. Scegliendo Bernadette, la ragazza che ha vissuto in quella povera cella abbandonata della prigione è come se ci dicesse: "Ricordatevi quanto è scritto nel Vangelo", perché ci fa comprendere quali sono state le scelte che Dio ha compiuto, a cominciare dal posto che Lui ha scelto per far nascere suo Figlio nella povertà di Betlemme, in quella grotta che ci porta a confrontarla con quella di Massabielle.

Ci devono tornare alla mente le parole che l'angelo disse ai pastori: "Questo per voi il segno: troverete un bambino avvolto in fasce, adagiato in una mangiatoia" *(Lc 2,12)* e, in maniera ancor più forte, il messaggio di Vita che Cristo diede ai suoi seguaci: "Beati i poveri di spirito, perché di essi è il regno dei cieli" *(Mt 5,3)*. E pensare a Bernadette, alla sua famiglia senza casa e lavoro, ci riporta anche ad un altro capitolo del Vangelo: "Le volpi hanno le loro tane e gli uccelli del cielo i loro nidi, ma il Figlio dell'uomo non ha dove posare il capo" *(Mt 8,20)*.

Ricordiamoci che "Nessuno può servire due padroni, perché o odierà l'uno e amerà l'altro, oppure si affezionerà all'uno e disprezzerà l'altro. Non potete servire Dio e la ricchezza." *(Mt 6,24)*.

Per poi arrivare a quella parola più forte che

mai: "È più facile infatti per un cammello passare per la cruna di un ago, che per un ricco entrare nel regno di Dio!" *(Lc 18,25)*.

La Madonna, con il messaggio di Lourdes, con la scelta di Bernadette, ci ha ricordato che Dio sta guidando la storia verso il trionfo degli umili e dei poveri, così come è scritto nel Vecchio Testamento.

Bernadette ha fatto suo l'insegnamento del Vangelo nella sua semplicità di vita, ma anche nella sua estrema convinzione di voler essere povera e distaccata da ogni cosa, a cominciare dal denaro, cosa che le farà dire "Mi brucia", a chi tentava di metterle delle monete in tasca a causa dell'estrema povertà della famiglia!

Lo scrittore Laurentin al riguardo dirà: "C'è nel suo disinteresse qualcosa di carismatico".

La santa Vergine esalterà tutte queste realtà scegliendo la figlia del mugnaio di Lourdes.

Bernadette nella sua breve vita amerà, in maniera forte e irrepetibile, la povertà e non solo per sé, ma anche per la sua famiglia tanto che, quando i suoi avranno finalmente un lavoro, dopo anni di estrema povertà, si preoccupava di mandare a dire loro, tramite chi veniva a trovarla a Nevers, "di non arricchirsi".

Il messaggio di Lourdes si può considerare come un messaggio vissuto nella sua interezza da Bernadette e da milioni di persone che, dopo l'esperienza forte del pellegrinaggio a Massabielle, hanno scoperto forte più che mai, grazie a quella ragazzina, il richiamo di Maria, a vivere in pienezza le parole delle apparizioni, che sono uno "specchio riflesso" del Vangelo.

Può sembrare fuori tempo parlare di questo agli uomini di oggi, che sentono generalmente un altro invito, quello di farsi una personalità, una carriera, una posizione economica.

Per arrivare dove?

Per raggiungere solo una meta terrena.

Santa Bernadette ci ricorda che si vive sulla

Il reliquiario di santa Bernadette.

terra, ma per raggiungere una meta più alta e per "cantare", alla scuola di colei che l'ha scelta, il "Magnificat" dell'Infinito!

Se gli uomini d'oggi decidono di prendere un treno, un bus, un aereo (e ciò accade da più di centocinquanta anni per sei milioni di persone l'anno!), per ascoltare il messaggio di Lourdes, e cercano di raccordare la propria vita a questa spiritualità, è perché l'uomo riesce ancora ad "illuminarsi d'immenso!".

O meglio, come diceva Bernanos: "Gli uomini non sono stanchi del Cristianesimo, non l'hanno conosciuto abbastanza per esserne stanchi!".

Questo è l'insegnamento, l'ammonimento fraterno che ci presenta santa Bernadette Soubirous.

Accogliamolo, accettiamolo come un augurio per tutta l'umanità che soffre, corre e si affanna, molto spesso per nulla.

Bernadette
le preghiere

Per andare verso Maria con maggior fiducia, per scoprire l'acqua viva offerta agli assetati, per andare verso la mensa del pane della grazia.
Per favore Bernadette prestami i tuoi zoccoli.

Novena a santa Bernadette Soubirous

Si può pregare per nove giorni consecutivi la seguente novena, a partire dall'8 aprile o in qualsiasi giorno dell'anno, per esprimere la propria devozione a santa Bernadette, o per chiedere una determinata grazia al Signore attraverso la sua intercessione, o per ringraziare per quelle già ricevute.

L'unica condizione richiesta perché la novena sia "valida" è che sia fatta senza interruzione per nove giorni consecutivi (se, cioè, un giorno ci si dimenticasse di recitarla è necessario rincominciare da capo non perché sia una formula magica, ma per esercitare la nostra costanza e fedeltà nella preghiera).

Occorre, però, precisare che, come insegna la santa madre Chiesa, la vita spirituale, gli esercizi di pietà e le devozioni sono strettamente legati alla vita sacramentale e sono tanto più efficaci e fruttosi quanto più si corrisponde alla grazia del Signore. È, pertanto, ugualmente "necessario" accostarsi al sacramento della **Riconciliazione** *per chiedere perdono a Dio dei propri peccati, partecipare alla* **santa Messa** *(se ti è possibile ogni giorno) e ricevere la* **Santa Eucaristia**, *fonte e culmine di tutta la vita cristiana.*

Inoltre, ogni giorno della novena è consigliabile:

1. ***lodare benedire e ringraziare la Santissima Trinità:*** *Dio Padre per il dono della Creazione; Dio Figlio per il dono della Redenzione; Dio Spirito Santo per quello della Santificazione;*
2. ***perdonare*** *sempre e chiunque;*
3. *vivere con impegno e costanza la* ***preghiera personale, famigliare e comunitaria;***
4. ***compiere opere di carità;***
5. ***abbandonarsi alla volontà di Dio.***

In tal modo si fa già l'esperienza di una vita cristiana autentica, si attinge alla fonte prima della grazia di Dio, si pratica la fedeltà e la corrispondenza ad essa, si sperimentano i suoi benefici e si ricevono tutte quelle benedizioni e consolazioni che alimentano la vita quotidiana.

Le novene, infatti, sono molto efficaci, se si crede fermamente, per superare periodi di sofferenza, di angoscia, di rovina morale, di disastri familiari, per essere illuminati nelle scelte più difficili da prendere, per essere guariti, consolati e per chiedere qualsiasi aiuto nelle piccole e grandi difficoltà di ogni giorno; ma anche per ringraziare delle immense grazie che continuamente riceviamo dal Signore.

Noi vorremmo poter contemplare, adorare, lodare Dio, che, nell'umile fanciulla dei Pirenei, ha operato cose sì belle e sì grandi.

Pio XI

Primo giorno

Devozione a Maria

Santa Bernadette, rafforza la nostra fiducia nella santa Vergine, che tu hai avuto l'onore di vedere quaggiù. Come te, noi ci mettiamo sotto la sua protezione, per poter custodire sempre la purezza del nostro cuore.

Riflessione spirituale: "O Divina Madre del nostro Salvatore, lodarti, amarti, cantarti è il noviziato del Cielo".

santa Bernadette

Preghiamo con santa Bernadette:

Maria, tu sei diventata Madre nel culmine del dolore e della prova. Devo avere, dunque, una grande e completa fiducia in te. Non è più la mia volontà, mia buona Madre, ma la tua che è sempre quella di Gesù.

Secondo giorno

Amor di Dio

Ottienici, o santa Bernadette, d'amare sempre fedelmente e profondamente nostro Signore a cui dobbiamo tutto. Che tutti gli atti della nostra vita siano ispirati da questo santo amore e ne siano il riflesso.

Riflessione spirituale: "O Gesù, datemi tanto amore nel mio cuore, affinché un bel giorno si bruci, per venire con Te".

santa Bernadette

Preghiamo con santa Bernadette:

Dio mio, quello che tu vorrai e come lo vorrai. Accetto di soffrire. Sì, mio Dio, sì... in tutto e ovunque sì.

Terzo giorno

Umiltà

O santa Bernadette, che sei stata scelta dalla Madre di Dio, come sua confidente, perché la semplicità del tuo cuore le era particolarmente cara, fa che noi pratichiamo ed amiamo l'umiltà cristiana.

Riflessione spirituale: "Più mi abbasserò e più diventerò grande nel cuore di Gesù".

santa Bernadette

Preghiamo con santa Bernadette:

O Gesù ti prego, dammi il pane della forza per soffrire, il pane di vedere solo te, in tutto eper sempre. Gesù, Maria, la croce: non voglio altri amici che questi.

Quarto giorno

Rassegnazione del dolore

Santa Bernadette, tu che hai saputo così pazientemente e con tanta fiducia in Dio sopportare le sofferenze morali della contraddizione quando tu parlavi con la Vergine del Cielo, e sopportare i dolori fisici della malattia, ottienici questa stessa rassegnazione nelle pene della nostra vita.

Riflessione spirituale: "La Croce può sostituire tutto, e nulla può sostituire la Croce".

santa Bernadette

Preghiamo con santa Bernadette:

Mio Dio, purifica il mio amore, sostieni la mia fede, fortifica la mia speranza. Fammi la grazia di riconoscere nel dolore la tua mano e di non volere nessun altro consolatore all'infuori di te.

Quinto giorno

Preghiera

Insegnaci, o santa Bernadette, a pregare Dio, mediante l'intercessione della sua madre divina, in tutte le necessità nelle quali possiamo trovarci, come la Vergine Maria stessa, ve lo insegnò a Massabielle.

Riflessione spirituale: "Come sei buono, o Signore, con tutti coloro che ti cercano, che si gettano nelle tue braccia, commiserando le debolezze di ogni giorno".

santa Bernadette

Preghiamo con santa Bernadette:
O Gesù, luce della mia anima, illumina i miei occhi interiori nel tempo della tribolazione. O Madre del mio Gesù, stammi vicina nell'ora della mia tristezza.

Sesto giorno

Abbandono alla volontà di Dio

Tu che sei stata, o santa Bernadette, lo strumento così docile della volontà di Dio, espressa per mezzo di Maria, insegnaci ad obbedire lealmente alla volontà di Dio e a sottometterci generosamente a tutto quanto ci domanda.

Riflessione spirituale: "Io sono al mondo per servire Dio e salvare la mia anima: io riceverò tutto dalle tue mani, o mio Dio, persuasa che un padre sì buono, non può rattristare i suoi figli".

santa Bernadette

Preghiamo con santa Bernadette:

Mio Dio, non ti chiedo di non affliggermi, ma di non abbandonarmi nell'afflizione. Insegnami a cercarti anche nel dolore, come mio unico consolatore. Io non penso più alla mia croce quando penso alla tua.

Settimo giorno

Carità

Noi vorremmo assomigliare a te, santa Bernadette, nel tuo amore per Dio e per gli uomini, e diventare come te, degli strumenti docili della Provvidenza, per il bene del nostro prossimo.

Riflessione spirituale: "Imitare la bontà di Gesù, guarire le ferite al posto d'infliggerle io stessa. La carità oltrepassa tutte le virtù".

santa Bernadette

Preghiamo con santa Bernadette:

Mio Gesù, metti tanto amore nel mio cuore, che un giorno si spezzi per arrivare a te. Lo sai, Gesù, io ti metto come un sigillo sul mio cuore; tu restaci per sempre.

Ottavo giorno

Penitenza

Facci comprendere, santa Bernadette, la necessità della mortificazione, per il riscatto della nostre colpe e per la remissione di quelle dei fratelli, secondo il messaggio che ci hai trasmesso, da parte della Regina del Cielo.

Riflessione spirituale: "Penitenza, penitenza, penitenza".

La Vergine santissima a santa Bernadette

Preghiamo con santa Bernadette:

O Gesù, accetta, ogni mia lacrima, ogni grido di dolore, come supplica per quelli che soffrono, per tutti coloro che piangono, per tutti quelli che ti dimenticano.

Nono giorno

Vita interiore

Noi vogliamo, come te, o santa Bernadette, vivere sotto lo sguardo di Dio e della Vergine Maria. Ottienici la grazia di rassomigliarti, particolarmente in questo impegno.

Riflessione spirituale: "L'anima interiore vede Dio in tutte le cose ed approfitta di tutto per unirsi a Lui: parla poco; le sue virtù e le sue azioni parlano per lei".

santa Bernadette

Preghiamo con santa Bernadette:

O Madre mia, il mio cuore, perso nel Tuo, non abbia altro volere, altro amore che la volontà del mio divino Maestro...

Che io possa cominciare quaggiù l'amen eterno di chi già vive felice.

Celebrazione del Rosario

Si prende in mano la corona del santo Rosario e si prega così:

Sul crocifisso: **Credo**

Sui cinque grani che uniscono il crocifisso alla crociera della corona:

1° grano: **Angelo di Dio**
2° grano: **Ave Maria per la Fede**
3° grano: **Ave Maria per la Speranza**
4° grano: **Ave Maria per la Carità**
5° grano: **L'eterno riposo**

Struttura di ogni decina

Per ciascuno dei cinque misteri:

1. Enunciazione del mistero con brani tratti dalla vita di Bernadette

2. Testo biblico e breve pausa di riflessione

3. Preghiere con la corona

Sul primo grano singolo: **Padre nostro**

Sui dieci che seguono: **Ave Maria**

Tra il decimo grano e quello seguente: **Gloria al Padre**

*"**Mia dolce Madre**, abbi pietà di me; io mi dono completamente a te affinchè mi offri al tuo amato Figlio che voglio amare con tutto il cuore. Mia dolce Madre, donami un cuore che bruci tutto per Gesù".*

Preghiera di santa Bernadette

4. Al termine del quinto mistero: Recita del **Salve Regina** e delle **Litanie Lauretane**.

Canto

O Vergin Maria
regina del ciel,
a Lourdes ritorna
il popol fedel.
Ave, ave, ave Maria.
Ave, ave, ave Maria.

O Dio, vieni a salvarmi.
Signore, vieni presto in mio aiuto.

Gloria al Padre e al Figlio e allo Spirito Santo. Come era nel principio e ora e sempre nei secoli dei secoli. Amen. Alleluia.

Primo mistero

Dio nella vita di tutti i giorni

Il mulino di Boly
(prima apparizione)

Primo lettore: Nei dieci anni trascorsi al mulino di Boly, Bernadette ha condiviso tutte le vicissitudini della vita. Obbediente ai genitori, la sua preoccupazione è di svolgere il ruolo di primogenita e di occuparsi dei fratelli e delle sorelle.

Poi, quando il denaro comincia a mancare, cerca di guadagnare qualche soldo, a volte andando ad aiutare la zia Bernarda a servire il vino in una taverna, altre volte andando a raccogliere la legna per venderla a fascine.

Secondo lettore: È al centro di questa vita così ordinaria, così feriale, che si colloca, quattro anni più tardi, l'avvenimento dell'11 febbraio 1858. L'apparizione alla Grotta irrompe nella sua vita e, benché non ne modifichi il normale cammino, me rivela l'essenziale: Dio è presente e si interessa di lei. È la medesima attenzione che Dio riserba anche a Maria di Nazareth, e le chiede di divenire la Madre del suo Figlio.

Terzo lettore: L'angelo entrando da lei disse: "Rallégrati, piena di grazia: il Signore è con te. Ed ecco, concepirai un figlio, lo darai alla luce e lo chiamerai Gesù" *(Lc 1,28.31)*.

Canto

Va un dì Bernadette
fuscelli a cercar,
con due bambinette
che il gel fa tremar.
Ave, ave, ave Maria.
Ave, ave, ave Maria.

Padre Nostro • 10 Ave Maria • Gloria al Padre
Mia dolce Madre... *(vedi pag. 199)*

Secondo mistero

Ciascuna creatura è preziosa agli occhi di Dio: Vuole avere la gentilezza...?

Il cachot (Terza apparizione)

Primo lettore: Il cachot, il vecchio carcere, dopo la Grotta, è il luogo più importante di Lourdes. I Soubirous vi abitano per più di due anni dal giugno/luglio 1856. Sei persone che si ammassano in appena sedici metri quadri. Un'unica stanza per fare tutto: dormire, cucinare, mangiare, pregare.

Secondo lettore: Attanagliati dalla miseria, i Soubirous non smettono di amarsi e di pregare. Bernadette malata, analfabeta, primogenita di una famiglia di cui il padre è stato in prigione, conosce fin troppo bene la fame, abita in questo carcere infetto senza alcuna prospettiva per il futuro, povera fra i poveri.

Primo lettore: Bernadette può essere una buona a nulla, come afferma la sua nutrice di Bartrès; può essere quella che non sa neanche il francese, come le ripetono le suore; può essere una birichina, una fannullona.
È lei che Maria guarda. È a lei che Maria sorride e parla. È a lei che Maria chiede di ritornare per quindici giorni. È lei che potrà fare questa gentilezza alla Madre di Dio.

Secondo lettore: Chi meglio di Maria poteva

introdurre Bernadette in questa scoperta prodigiosa di contare agli occhi di Dio, di essere preziosa per Lui? Dio non inizia annunciando qualche dono, ma chiedendo che gli si faccia l'elemosina di un sì, di una adesione convinta e generosa.

Canto

Di bianco candore
recinta d'un vel,
le cinge la vita
un lembo del ciel.
Ave, ave, ave Maria.
Ave, ave, ave Maria.

Padre Nostro • 10 Ave Maria • Gloria al Padre
Mia dolce Madre... *(vedi pag. 199)*

Terzo Mistero

Vada a dire ai sacerdoti

La casa parrocchiale
(Tredicesima apparizione)

Primo lettore: Fino al 2 marzo Bernadette vive nell'intimità le apparizioni di "Aquerò"; a partire da allora è inviata a riferirle. L'esperienza che vivrà non appartiene più a lei, ma appartiene alla Chiesa.

Bernadette diviene portatrice di un messaggio: è il momento della missione.

Secondo lettore: Bernadette, accompagnata da due zie, si reca alla casa del curato don Peyramale. Appena il tempo di dire: " 'Aquerò' chiede che si vada alla Grotta in processione", e si vede messa fuori dalla porta. Verso le sette della sera ritorna in canonica: "Signor curato, 'Aquerò' mi ha detto così: vada a dire ai sacerdoti di far costruire qui una cappella".

Primo lettore: Una volta fuori, Bernadette ritrova il sorriso. Si ripete: sono proprio contenta, ho fatto la mia commissione. Che i sacerdoti le credano o no, non è affare suo. "Aquerò" l'ha incaricata di dirlo, non di farlo credere.

Secondo lettore: Nella Bibbia nessuno incontra Dio solo per se stesso. Ogni esperienza di incontro con Dio ha come epilogo l'invio nel mondo, la consegna di una missione.

Canto

La bimba ai suoi piedi
là sta ad ammirar,
il segno di Croce
impara a ben far.
Ave, ave, ave Maria.
Ave, ave, ave Maria.

Padre Nostro • 10 Ave Maria • Gloria al Padre
Mia dolce Madre... *(vedi pag. 199)*

Quarto Mistero

La vocazione di Bernadette

L'Ospizio

Primo lettore: Dopo la rivelazione del 25 marzo, Bernadette smette di andare alla Grotta. Ma il 7 aprile Bernadette, attratta da una irresistibile forza interiore, si reca alla Grotta con un grande cero acceso che, sebbene si consumi, non le brucerà le mani.

Secondo lettore: Le persone cercano Bernadette al punto che vogliono vederla, toccarla; alcune giungono persino a tagliare brandelli del suo vestito, ciocche di capelli o rubarle i rosari dalle tasche, per tenerli come ricordo. Una simile situazione non può durare a lungo e il curato ne è cosciente. Da diversi mesi, pensa di dover proteggere Bernadette da tutte queste aggressioni esterne. Il 15 giugno 1860, Bernadette lascia la casa paterna per andare a vivere come collegiale all'Ospizio.

Primo lettore: Come ogni ragazzo o ragazza che si chiede cosa fare nella vita, anche Bernadette, per sei anni, si interroga sul proprio futuro, valutandone ogni proposta. In questo cammino di ricerca due grandi amori illumineranno e guideranno la sua scelta: la comunione eucaristica e il suo amore appassionato per i poveri. Questo duplice amore, Bernadette sceglie di poterlo incarnare nella famiglia religiosa delle Suore della Carità di Nevers.

Canto

Sgranando un rosario
si muove la man,
la via della pace
non indichi invan.
Ave, ave, ave Maria.
Ave, ave, ave Maria.

Padre Nostro • 10 Ave Maria • Gloria al Padre
Mia dolce Madre... *(vedi pag. 199)*

Quinto mistero

"Il Signore è la mia roccia..."
La Grotta

Primo lettore: La mattina del 25 marzo, festa dell'Annunciazione, Bernadette si sveglia molto presto, spinta dalla necessità interiore di correre alla Grotta, da cui mancava dal 4 marzo. Il suo cuore non l'aveva ingannata e "Aquerò" era proprio là ad attenderla. Bernadette le chiede insistentemente il nome. Alla quarta volta la Signora, allargando le mani verso la terra, dice: “Io sono l’Immacolata Concezione”.

Secondo lettore: Restiamo in silenzio a contemplare questo mistero. Lasciamo che Maria ci ripeta: “Fate quello che Gesù vi dirà...”.

Canto

La grotta si accende
di luce del sol,
la bella Signora
la bimba a sè vuol.

Ave, ave, ave Maria.
Ave, ave, ave Maria.

Sarà mio diletto
vederti ancor qui,
ritorna t’aspetto
per quindici dì.

A te io prometto
fanciulla fedel,
il gaudio splendente
per sempre nel ciel.

Padre Nostro • 10 Ave Maria • Gloria al Padre
Mia dolce Madre... *(vedi pag. 199)*

Salve Regina

Salve, Regina, madre di misericordia, vita, dolcezza e speranza nostra, salve.

A te ricorriamo, esuli figli di Eva; a te sospiriamo, gementi e piangenti in questa valle di lacrime.

Orsù dunque, avvocata nostra, rivolgi a noi gli occhi tuoi misericordiosi. E mostraci, dopo questo esilio, Gesù, il frutto benedetto del tuo seno.

O clemente, o pia, o dolce Vergine Maria.

Litanie Lauretane

Signore, pietà	**Signore, pietà**
Cristo, pietà	**Cristo, pietà**
Signore, pietà	**Signore, pietà**
Cristo, ascoltaci	**Cristo, ascoltaci**
Cristo, esaudiscici	**Cristo, esaudiscici**
Padre del cielo, che sei Dio	**Abbi pietà di noi**
Figlio, redentore del mondo, che sei Dio	"
Spirito Santo, che sei Dio	"
Santa Trinità, unico Dio	**prega per noi**
Santa Maria	"
Santa Madre di Dio	"
Santa Vergine delle vergini	"
Santa Sposa del giusto Giuseppe	"
Madre di Cristo	"

Madre della Chiesa	**prega per noi**
Madre della divina grazia	”
Madre purissima	”
Madre castissima	”
Madre sempre vergine	”
Madre Immacolata	”
Madre degna d’amore	”
Madre ammirabile	”
Madre del buon consiglio	”
Madre del Creatore	”
Madre del Salvatore	”
Vergine prudente	”
Vergine degna di onore	”
Vergine degna di lode	”
Vergine potente	”
Vergine clemente	”
Vergine fedele	”
Specchio di perfezione	”
Sede della Sapienza	”
Fonte della nostra gioia	”
Tempio dello Spirito Santo	”
Tabernacolo dell’eterna gloria	”
Splendente Dimora di Dio	”
Rosa mistica	”
Torre della santa città di Davide	”
Fortezza inespugnabile	”

Santuario della divina Presenza	**prega per noi**
Arca dell’alleanza	”
Porta del cielo	”
Stella del mattino	”
Salute degli infermi	”
Rifugio dei peccatori	”
Consolatrice degli afflitti	”
Aiuto dei cristiani	”
Regina degli Angeli	”
Regina dei Patriarchi	”
Regina dei Profeti	”
Regina degli Apostoli	”
Regina dei Martiri	”
Regina dei Confessori della fede	”
Regina delle Vergini	”
Regina di tutti i Santi	”
Regina concepita senza peccato	”
Regina assunta in cielo	”
Regina del Rosario	”
Regina della famiglia	”
Regina della pace	”

Agnello di Dio, che togli i peccati del mondo.
Perdonaci, Signore.

Agnello di Dio, che togli i peccati del mondo.
Ascoltaci, Signore.

Agnello di Dio, che togli i peccati del mondo.
Abbi pietà di noi.

Prega per noi, santa Madre di Dio.
Perché siamo resi degni
delle promesse di Cristo.

Preghiamo:
O Dio, il tuo unico Figlio ci ha procurato i beni della salvezza eterna con la sua vita, morte e Risurrezione: a noi che, con il santo Rosario della beata Vergine Maria, abbiamo meditato questi misteri, concedi di imitare ciò che essi contengono e di raggiungere ciò che essi promettono.
Per Cristo nostro Signore. **Amen.**

Colletta della Messa di santa Bernadette

O Dio, protettore ed amico degli umili, che hai rallegrata la tua serva Bernadette, per le apparizioni e le parole dell'immacolata Vergine Maria, fa', te ne supplichiamo, che attraverso le vie semplici della fede, noi meritiamo di giungere alla contemplazione di te, in Cielo. Per Cristo Nostro Signore.

Nostra Signora di Lourdes,
prega per noi!

Preghiera fatta da santa Bernadette

O Maria, mia buona Madre, fa che io dimostri il mio amore per Gesù, come te, mediante l'accettazione di quanto Egli vorrà mandarmi.

Preghiere di Bernadette

Il taccuino di annotazioni intime contiene diverse preghiere meravigliose di cui Bernadette non è certamente l'autrice, ma che ugualmente rivelano il suo cuore. Eccone due tra le più caratteristiche:

Preghiera d'una povera mendicante a Gesù

O Gesù, datemi, ve ne prego,
il pane dell'umiltà,
il pane dell'obbedienza,
il pane della carità,
il pane della forza per spezzare la mia volontà e fonderla con la vostra,
il pane della mortificazione interiore,
il pane del distacco dalle creature,
il pane della pazienza per sopportare le pene che il mio cuore soffre,
O Gesù, voi mi volete crocifissa: fiat!
il pane della forza per soffrire bene,
il pane per non vedere che voi solo, in tutto e sempre,
Gesù, Maria, la Croce, io non voglio altri amici che questi.

Una buona religiosa deve domandare a Dio

Più umiltà che umiliazioni,
più pazienza che sofferenze,
più volontà che opere,
più amore che azioni,
più abbandono che ordini,
più fatti che parole,
più impegno per la santità che per la salute.

Per favore Bernadette prestami i tuoi zoccoli

Per mettere sulle tue orme i miei passi troppo esitanti.
Per favore Bernadette prestami i tuoi zoccoli.

Sono per me simbolo sia di buon senso,
che di povertà e di semplicità.
Tu sai bene che tutto ciò mi manca.
Per favore Bernadette prestami i tuoi zoccoli.

Tu andavi a raccogliere la legna per il fuoco.
Che riunisce gli uomini e li riconforta.
Affinchè anch'io possa riscaldare coloro che cercano,
ora il silenzio o la parola, ora il sorriso o il sostentamento.
Per favore Bernadette prestami i tuoi zoccoli.

E se sono troppo piccoli, che mi rendano modesto,
che io possa avanzare con la consapevolezza dei miei limiti,
a piccoli passi, cadendo e rialzandomi.
Per favore Bernadette prestami i tuoi zoccoli.

Per andare verso Maria con maggior fiducia,
per scoprire l'acqua viva offerta agli assetati,
per andare verso la mensa del pane della grazia.
Per favore Bernadette prestami i tuoi zoccoli.

Per salire verso il Padre che mi attende e mi ama.
Per entrare nella festa fin dall'inizio del cammino,
dopo aver camminato, portando le mie gioie, le mie pene,
sempre chiedendoti di darmi la mano.
Per favore Bernadette prestami i tuoi zoccoli.

Processione "Aux flambeaux"

Viaggio apostolico in Francia in occasione del 150° anniversario delle apparizioni di Lourdes (12-15 settembre 2008)

Omelia del Santo Padre Benedetto XVI

Lourdes, Piazzale del Rosario,
sabato 13 settembre 2008

Caro Monsignor Perrier, Vescovo di Tarbes e Lourdes,
cari Fratelli nell'Episcopato e nel Sacerdozio,
cari pellegrini, cari fratelli e sorelle!

Centocinquant'anni fa, l'11 febbraio 1858, in questo luogo detto La grotta di Massabielle, fuori dell'abitato, una semplice ragazzina di Lourdes, Berdadette Soubirous, vide una luce e, dentro questa luce, una giovane signora "bella, bella, più di tutto". Questa Signora si rivolse a lei con bontà e dolcezza, con rispetto e fiducia. "Essa mi dava del voi (racconta Bernadette)… Volete farmi il favore di venire qui durante i prossimi quindici giorni? (le domanda la Signora)… Essa mi guardava come una persona che parla ad un'altra persona". È in questa conversazione, in questo dialogo tutto pervaso di delicatezza, che la Signora la incarica di trasmettere certi messaggi molto semplici sulla preghiera, la

[redacted]

penitenza e la conversione. Non suscita meraviglia che Maria sia bella, giacché, nell'apparizione del 25 marzo 1858, ella rivela così il suo nome: "Io sono l'Immacolata Concezione".

Guardiamo a nostra volta quella "Donna vestita di sole" *(Ap 12,1)* che ci descrive la Scrittura. La Santissima Vergine Maria, la Donna gloriosa dell'Apocalisse, porta sul suo capo una corona di dodici stelle, che rappresentano le dodici tribù d'Israele, l'intero popolo di Dio, tutta la comunione dei santi, e insieme, ai suoi piedi, la luna, immagine della morte e della mortalità. Maria ha lasciato la morte dietro di sé; è interamente rivestita di vita, quella del Figlio, del Cristo risorto. Ella è così il segno della vittoria dell'amore, del bene e di Dio, che dona al nostro mondo la speranza di cui ha bisogno. Questa sera volgiamo il nostro sguardo verso Maria, così gloriosa e così umana, e lasciamo che sia lei a condurci verso Dio, che è il vincitore.

Numerose persone ne hanno reso testimonianza: l'incontro col viso luminoso di Bernadette sconvolgeva i cuori e gli sguardi. Sia durante le apparizioni che quando le raccontava, il suo viso diveniva tutto raggiante. Bernadette era ormai abitata dalla luce di Massabielle. La vita quotidiana della famiglia Soubirous, tuttavia, era tuttavia intessuta di miseria e di tristezza, di malattia e di incomprensione, di rifiuto e di povertà. Pur non mancando amore e calore nelle relazioni familiari, era difficile vivere nel "cachot" (la "prigione"). Ma le ombre della terra non hanno impedito di brillare alla luce del cielo: "La luce splende nelle tenebre" *(Gv 1,5)*.

Lourdes è uno di quei luoghi che Dio ha scelto per farvi risplendere un raggio particolare della sua bellezza; da ciò l'importanza che acquista qui il simbolo della luce. A partire dalla quarta apparizione Bernadette, arrivando alla grotta, accendeva ogni mattina un cero benedetto e lo teneva nella mano sinistra, fin che la Vergine le si mostrava. Ben presto, vi furono persone che affidarono a Bernadette un cero perché lo conficcasse nella terra in fondo alla grotta. In breve tempo, anche altre persone deposero ceri in quel luogo di luce e di pace. La stessa Madre di Dio fece sapere di gradire l'omaggio toccante di quelle migliaia di ceri, che da allora rischiarano senza interruzione, per dare gloria a lei, il masso roccioso dell'apparizione. Da quel giorno, davanti alla grotta, notte e giorno, tanto d'estate quanto d'inverno, brilla un roveto ardente incendiato dalle preghiere dei pellegrini e dei malati, che esprimono le loro preoccupazioni e i loro bisogni, ma soprattutto la loro fede e la loro speranza.

Venendo in pellegrinaggio qui, a Lourdes, noi vogliamo entrare, sulle orme di Bernadette, in quella straordinaria prossimità tra il cielo e la terra che non si è mai smentita e che non cessa di consolidarsi. Durante le apparizioni è da rilevare che Bernadette recita la corona sotto gli occhi di Maria, che si unisce a lei al momento della dossologia. Questo fatto conferma il carattere profondamente teocentrico della preghiera del Rosario. Quando recitiamo la corona, Maria ci offre il suo cuore e il suo sguardo per contemplare la vita del Figlio suo, Cristo Gesù. Il mio venerato Predecessore Giovanni Paolo II venne due volte qui, a Lourdes. Noi sappiamo quanto, nella sua vita e nel suo ministero, la preghiera si appoggiasse sull'intercessione della Vergine Maria. Come molti suoi Predecessori sulla Sede di Pietro, anch'egli incoraggiò vivamente la preghiera della corona; lo fece, tra l'altro, in un modo del tutto singolare, arricchendo il Rosario con la meditazione dei Misteri della Luce. Questi sono del resto rappresentati sulla facciata della Basilica nei nuovi mosaici, inaugurati l'anno scorso. Come per tutti gli avvenimenti della vita di Cristo che essa "serbava meditandoli nel suo cuore" *(Lc 2,19)*, Maria ci fa comprendere tutte le tappe del ministero pubblico come parte integrante della rivelazione della Gloria di Dio. Possa Lourdes, terra di luce, restare una scuola per imparare a recitare il Rosario, che introduce i discepoli di Gesù, sotto gli occhi della Madre sua, in un dialogo autentico e cordiale con il suo Maestro!

Per bocca di Bernadette noi sentiamo la Vergine Maria chiederci di venire qui in processione per pregare con semplicità e fervore. La processione "aux flambeaux" traduce ai nostri occhi di carne il mistero della preghiera: nella comunione della Chiesa, che unisce eletti del cielo e pellegrini della terra, la luce zampilla dal dialogo tra l'uomo e il suo Signore e una strada luminosa si apre nella storia degli uomini, compresi anche i momenti più bui. Questa processione è un momento di grande gioia ecclesiale, ma anche un tempo di riflessione austera: le intenzioni che portiamo con noi sottolineano la nostra profonda comunione con tutti gli esseri che soffrono. Pensiamo alle vittime innocenti che subiscono la violenza, la guerra, il terrorismo, la carestia, o che portano le conseguenze delle ingiustizie, dei flagelli e delle calamità, dell'odio e dell'oppressione, degli attentati alla loro dignità umana e ai loro diritti fondamentali, alla loro libertà d'azione e di pensiero. Pensiamo anche a coloro che vivono problemi familiari o che soffrono in conseguenza della disoccupazione, della malattia, dell'infermità, della solitudine, della loro situazione di immigrati. Non voglio inoltre dimenticare coloro che patiscono a causa del nome di Cristo e che muoiono per Lui.

Maria ci insegna a pregare, a fare della nostra preghiera un atto d'amore per Dio e di carità fraterna. Pregando con Maria, il nostro cuore accoglie coloro che soffrono. Come potrebbe la nostra vita non esserne, di conseguenza, trasformata? Perché il nostro essere e la nostra vita tutta intera non dovrebbero diventare luoghi di ospitalità per il nostro prossimo? Lourdes è un luogo di luce, perché è un luogo di comunione, di speranza e di conversione.

Ora che cala la notte Gesù ci dice: "Conservate le vostre lampade accese" *(cfr Lc 12,35)*: la lampada della fede, la lampada della preghiera, la lampada della speranza e dell'amore! Questo camminare nella notte, portando la luce, parla con forza al nostro intimo, tocca il nostro cuore e dice molto di più che ogni altra parola pronunciata o intesa. Questo gesto riassume da solo la nostra condizione di cristiani in cammino: abbiamo bisogno di luce e, allo stesso tempo, siamo chiamati a divenire luce. Il peccato ci rende ciechi, ci impedisce di proporci come guide per i nostri fratelli, e ci spinge a diffidare di loro e a non lasciarci guidare. Abbiamo bisogno di essere illuminati e ripetiamo la supplica del cieco Bartimeo: "Maestro, fa' che io veda!" *(Mc 10,51)*. Fa' che io veda il mio peccato che mi intralcia, ma soprattutto: Signore, fa' che io veda la tua gloria! Lo sappiamo: la nostra preghiera è già stata esaudita e noi rendiamo grazie perché, come dice san Paolo nella Lettera agli Efesini: “Cristo ti illuminerà” *(5,14)*, e san Pietro aggiunge: “Egli vi ha chiamati dalle tenebre alla sua ammirabile luce” *(1 Pt 2,9)*.

A noi che non siamo la luce, Cristo può ormai dire: “Voi siete la luce del mondo” *(Mt 5,14)*, affidandoci la cura di fare risplendere la luce della carità. Come scrive l’apostolo san Giovanni: “Chi ama suo fratello, dimora nella luce e non v’è in lui occasione di inciampo” *(1 Gv 2,10)*. Vivere l’amore cristiano è fare entrare la luce di Dio nel mondo e, insieme, indicarne la vera sorgente. San Leone Magno scrive: “Chiunque, in effetti, vive piamente e castamente nella Chiesa, chi pensa alle cose di lassù, non a quelle della terra *(cfr Col 3,2)*, è in certo modo simile alla luce celeste; mentre realizza egli stesso lo splendore di una vita santa, indica a molti, come una stella, la via che conduce a Dio” *(Serm. III, 5)*.

In questo santuario di Lourdes, verso il quale i cristiani del mondo intero rivolgono lo sguardo da quando la Vergine Maria vi ha fatto brillare la speranza e l’amore, donando ai malati, ai poveri e ai piccoli il primo posto, siamo invitati a scoprire la semplicità della nostra vocazione: in realtà, basta amare.

[redacted]

Domani la celebrazione dell'Esaltazione della Santa Croce ci farà precisamente entrare nel cuore di questo mistero. In questa veglia, il nostro sguardo già si volge verso il segno della nuova Alleanza verso cui tutta la vita di Gesù converge. La Croce costituisce il supremo e perfetto atto d'amore di Gesù, che dona la vita per i suoi amici. "Così bisogna che sia innalzato il Figlio dell'uomo, perché chiunque crede in lui abbia la vita eterna" *(Gv 3,14-15)*.

Annunciata nei Canti del Servo di Dio, la morte di Gesù è una morte che diviene luce per i popoli; è una morte che, in collegamento con la liturgia di espiazione, porta la riconciliazione, una morte che segna la fine della morte. Da allora la Croce è segno di speranza, vessillo della vittoria di Gesù, perché "Dio ha tanto amato il mondo da dare il suo Figlio unigenito perché chiunque crede in lui non muoia, ma abbia la vita eterna" *(Gv 3,16)*. Attraverso la Croce tutta la nostra vita riceve luce, forza e speranza. Con essa è rivelata tutta la profondità dell'amore contenuto nel disegno originario del Creatore; con essa, tutto è sanato e portato al suo compimento. È per questo che la vita nella fede in Cristo morto e risorto diviene luce.

Le apparizioni erano circonfuse di luce e Dio ha voluto accendere nello sguardo di Bernadette una fiamma che ha convertito innumerevoli cuori. Quante persone vengono qui per vedere, sperando forse segretamente di ricevere qualche miracolo; poi, sulla via del ritorno, avendo fatto un'esperienza spirituale di vita autenticamente ecclesiale, cambiano il loro sguardo su Dio, sugli altri e su se medesime. Una piccola fiamma chiamata speranza, compassione, tenerezza le abita. L'incontro discreto con Bernadette e con la Vergine Maria può cambiare una vita, perché esse sono presenti, in questo luogo di Massabielle, per condurci a Cristo, il quale è la nostra vita, la nostra forza, la nostra luce. Che la Vergine Maria e santa Bernadette vi aiutino a vivere da figli della luce per testimoniare, ogni giorno della vostra vita, che Cristo è la nostra luce, la nostra speranza, la nostra vita!

Benedetto XVI alla Grotta di Massabielle.

TOTUS TUUS

"La preghiera come scuola della speranza:
Un primo essenziale luogo di apprendimento della speranza è la preghiera. Se non mi ascolta più nessuno, Dio mi ascolta ancora. Se non posso più parlare con nessuno, più nessuno invocare, a Dio posso sempre parlare. Se non c'è più nessuno che possa – dove si tratta di una necessità o di un'attesa che supera l'umana capacità di sperare – Egli può aiutarmi. Durante tredici anni di carcere, in una situazione di disperazione apparentemente totale, per l'indimenticabile Cardinale Nguyen Van Thuan, l'ascolto di Dio, il poter parlargli, divenne per lui una crescente forza di speranza, che dopo il suo rilascio gli consentì di diventare per gli uomini in tutto il mondo un testimone della speranza – di quella grande speranza che anche nelle notti della solitudine non tramonta".

Benedetto XVI, Spe Salvi

Con questo bellissimo passaggio della sua enciclica Spe Salvi il Papa vuole dare un esempio contemporaneo di vita cristiana improntata alla speranza mai vissuta in solitudine, proponendo la persona del Cardinale Van Thuan. "Chi non conosce Dio, pur avendo molteplici speranze, in realtà è senza Speranza". Dare Speranza nella/con la fede questo è l'intento dell'Editrice Shalom che, sull'esempio della santa Chiesa, quotidianamente si spende per l'evangelizzazione, così primaria e più che mai urgente, per urlare al mondo la gioia cristiana di un Dio che si è fatto uno di noi. Il messaggio salvifico di Cristo, infatti, anche oggi viene contrastato e i cristiani, non meno di ieri, sono chiamati a rendere ragione della loro speranza e ad offrire al mondo la testimonianza della Verità dell'Unico che salva e redime.

Le pagine che seguono propongono testi ortodossi (cioè scritti in assoluta obbedienza alle leggi della Chiesa Cattolica) editi dall'Editrice SHALOM, casa editrice cattolica e mariana, che si prefigge questi tre ideali: l'amore per l'Eucaristia, la devozione alla Madonna e la fedeltà al Santo Padre. Per rendere attuabile questo progetto, l'Editrice SHALOM, pur essendo una società commerciale, ha rinunciato ad ogni fine di lucro e non riconosce alcun tipo di diritto d'autore (né patrimoniale, né morale) su testi, traduzioni, foto, disegni ed illustrazioni di ogni tipo.

Questa iniziativa viene sviluppata allo scopo di contribuire al trionfo del Cuore Immacolato di Maria, nella certezza di poter servire il Regno di Dio, partecipando alla fede e all'obbedienza di Maria, serva e madre del Signore, affidandosi totalmente alla sua protezione insieme a quella di san Giuseppe e dei santi Michele, Gabriele e Raffaele arcangeli. Stampa gennaio 2009, Canale.

GESÙ CONFIDO IN TE
Periodico-Bimestrale

Formato cm. 19,5 x 26,5
Pagine 64
Prezzo € 1,20

Cod. 8429 Feb-Mar
Cod. 8430 Apr-Mag
Cod. 8431 Giu-Lug
Cod. 8439 Ago-Set
Cod. 8440 Ott-Nov
Cod. 8441 Dic-Gen

Abbonamento annuale € 7,00

COME ABBONARSI ALLA RIVISTA

Per conoscere e far conoscere, amare e far amare, onorare, celebrare e diffondere la Divina Misericordia e il suo culto, per sapere e approfondire, i temi che animano la Chiesa e il suo far opinione nel mondo contemporaneo, per guardare con occhi nuovi la propria vita costantemente impreziosita dall'amore di Dio... per questo e molto altro ancora... leggi la rivista **Gesù confido in Te**.

- Versa € 7,00 per ogni abbonamento (6 numeri all'anno) tramite bollettino postale intestato a:

Editrice Shalom s.r.l. - Via Galvani, 1 - 60020 Camerata Picena (AN)
n° CCP 80498835

- Oppure tramite bonifico bancario intestato a:

Editrice Shalom srl
Banca dell'Adriatico spa - Viale della Vittoria 5C - 60035 Jesi (AN)
IBAN IT 34 Q 05748 21202 100000000219

Specificando la causale: **Abbonamento a Gesù confido in Te**

Per ogni chiarimento telefonaci al numero: **071 74 50 440**

o contattaci all'indirizzo e-mail: **abbonamenti@editriceshalom.it**

SULLA TUA PAROLA MESSALINO

Letture della Messa commentate per vivere la Parola di Dio

Formato: cm. 10 x 13,5
Pagine: 576
Prezzo: € 3,00
CODICE D'ORDINE **VARI**

COMMENTI
Fr. Roberto Fusco

MODI DI VIVERE
Sr. Anne Marie Wauthier

CONTENUTI
Ogni libretto ti accompagna per due mesi e contiene:

- Le letture della Messa
- Meditazioni per ogni lettura
- Spunti di riflessione
- Propositi semplici per mettere in pratica la Parola di Dio
- Vite dei santi più conosciuti e amati
- Perle di vita cristiana

Nella Messa Gesù parla al nostro cuore, quante volte, però, non siamo in sintonia con lui, per stanchezza, per distrazione o per semplice incomprensione dei testi...
Spesso avremmo bisogno di una spiegazione o di un commento semplice che ci permetta di capire le letture per poi metterle in pratica.
Il messalino ci viene incontro: ogni lettura è approfondita da un commento/meditazione che può essere utilizzato per prepararsi alla celebrazione e per farla fruttificare nel corso della giornata. Praticamente edificante perché suggerisce «modi di vivere» per fare della Parola del giorno, vita; ci fa conoscere l'esempio dei santi perché riporta le vite dei più amati.

Codice 8432	Gennaio - Febbraio 2009	**€ 3,00**
Codice 8433	Marzo - Aprile 2009	**€ 3,00**
Codice 8434	Maggio - Giugno 2009	**€ 3,00**
Codice 8435	Luglio - Agosto 2009	**€ 3,00**
Codice 8436	Settembre - Ottobre 2009	**€ 3,00**
Codice 8437	Novembre - Dicembre 2009	**€ 3,00**
Abbonamento annuale ai 6 numeri del Messalino sul Conto Corrente Postale n. 86067428		**€ 18,00**

"PREGATE, PREGATE, PREGATE"

Formato: cm. 12 x 19
Pagine: 480
Prezzo: € 7,00
CODICE D'ORDINE **8100**

ISBN 978-88-86616-00-7

AUTORE

Madre Maria Gabriella Turrin dell'Annunciazione

CONTENUTI

- Preghiere, coroncine, consacrazioni, suppliche e novene con le quali onorare, chiedere, lodare e ringraziare:
- Padre
- Figlio
- Spirito Santo
- Beata Vergine Maria
- Santa Famiglia
- Angeli
- Santi

Oltre a:

- Le verità della fede
- Le preghiere tradizionali del cristiano
- Via crucis e Rosario

Chi è alle prime armi e non conosce le verità della fede e le preghiere tradizionali, chi è un po' "arrugginito" per gli anni lontani dal Signore, chi vuole pregare usando devozioni e formule care alla tradizione o chi vuole provare nuove forme e tipi di preghiera... in una parola il "Pregate, pregate, pregate" è un libro per tutti!

Ogni parola o slogan è impreciso e riduttivo per spiegare questa, che non è una semplice antologia di preghiere o un manualetto più o meno completo di preghiera, ma uno strumento agile, efficace e utilizzabile da 0 a 110 anni...

È il "passa-parola" di migliaia e migliaia di persone che lo hanno apprezzato, sgualcito, usato e consumato nella preghiera e che non potendone fare a meno lo hanno ricomprato quando cadeva a pezzi e non potendo tacere le meraviglie che la preghiera operava in loro lo hanno regalato ai propri cari, conoscenti o diffuso come opera di apostolato.

LE PIÙ BELLE PREGHIERE DELLA BIBBIA: I SALMI

NUOVO TESTO CEI

Formato: cm. 12 x 19
Pagine: 576
Prezzo: € 9,00
CODICE D'ORDINE **8107**

ISBN 978-88-86616-22-5

AUTORE

Madre Maria Fabrizia dell'Agnello Immolato

CONTENUTI

- 150 Salmi
- 50 Canti biblici dell' Antico Testamento
- 22 Canti biblici del Nuovo Testamento
- Spiegazione, attualizzazione e meditazione di ognuno con un commento semplice e che tocca il cuore
- Preghiera di conclusione ispirata al Salmo pregato

Contemplando le immagini della natura a colori che fanno da sfondo a questa raccolta di salmi e cantici commentati, pregandoli possiamo lodare la creazione e attraverso di essa unirci al Creatore.

Nei Salmi, infatti, l'essere umano ritrova se stesso interamente, esperienza simile allo stupore che si prova di fronte ad un tramonto rosso di fuoco, ad una alba dai colori irripetibili, ad un paesaggio di montagna all'immensa distesa del mare, di fronte alla bellezza delle infinite specie di fiori, di farfalle, di animali e di piante, nel sorriso di un bambino...

Non c'è sentimento dell'animo umano che i salmi e cantici non manifestino: gioia, riconoscenza, gratitudine, amore, tenerezza, entusiasmo, intensa sofferenza, richiesta di aiuto e di giustizia...

Né situazioni della vita che essi non possano permetterci di trasformare in preghiera: gioie, lutti, malattie, affetti, odii, guerre e carestie, ricchezza e povertà. Solo leggendoli e rileggendoli, meditandoli e pregandoli potremo riposarci dalla stanchezza dei nostri anni di corsa e rinfrescarci dall'arsura delle nostre giornate che sembrano non avere spazio per Dio.

"PREGATE SEMPRE SENZA STANCARVI MAI"

Formato: cm. 12 x 19
Pagine: 1056
Prezzo: € 9,00
CODICE D'ORDINE **8144**

ISBN 978-88-8404-037-X

AUTORE
Padre Ferdinando Campana ofm

CONTENUTI
- Lodi, Ora media, Vespri, Compieta
- Le 4 settimane del salterio
- Inni e Antifone di tutto l'anno
- I Comuni dei santi e l'Ufficio dei defunti
- Le parti proprie di Natale, Triduo Pasquale e Pentecoste

"È cosa lodevole che la famiglia, santuario domestico della Chiesa, oltre alle comuni preghiere celebri anche, secondo l'opportunità, qualche parte della Liturgia delle Ore, inserendosi così più intimamente nella Chiesa. Nulla deve essere lasciato intentato, perché questa chiara e pratica indicazione trovi nelle famiglie cristiane crescente e gioiosa applicazione".

Paolo VI

Si tratta di un testo ricco ed elegante che permette di celebrare la Liturgia delle Ore, vero culmine della preghiera domestica e pane quotidiano della preghera comunitaria. I caratteri grandi, le immagini e i colori rendono più facile questa preghiera universale sia agli esperti, sia ai principianti, sia a chi non le ha mai pregate!
È uno strumento pratico e comprensibile a tutti, arricchito con l'ausilio di spiegazioni, affinché tutti da soli, in famiglia o in comunità, possano pregare la Liturgia delle ore facendo vibrare le corde del proprio cuore all'unisono con quello di tutti i fedeli nel mondo accomunati dalla stessa fede in Cristo, dall'unica chiesa e dalla stessa preghiera. Così ci si sentirà più intimamente inseriti nella Chiesa.

VANGELO E ATTI DEGLI APOSTOLI

NUOVO TESTO CEI

Formato: cm. 10 x 13,5
Pagine: 624
Prezzo: € 1,80
CODICE D'ORDINE **8364**

ISBN 978-88-8404-217-0

CURATORE

Dom Mariano Grosso osb

CONTENUTI

- Introduzione generale ai Vangeli
- Il Vangelo ed i Vangeli
- Il processo di formazione dei Vangeli
- I simboli degli evangelisti

Vangelo di Matteo
Vangelo di Marco
Vangelo di Luca
Vangelo di Giovanni
Atti degli Apostoli

- Indice analitico
- Carte e piantine

Questa nuova edizione di "Vangelo e Atti degli Apostoli " esce in occasione della pubblicazione della nuova traduzione della Bibbia a cura della Conferenza Episcopale Italiana, il cui obiettivo è stato quello di offrire un testo «più sicuro nei confronti degli originali; più coerente nelle dinamiche interne; più comunicativo nei confronti della cultura contemporanea e più adatto alla proclamazione nel contesto liturgico». Così mons. Giuseppe Betori, allora segretario generale della CEI, ha delineato le finalità seguite dagli specialisti nell'opera di traduzione che sostituisce in tutto e per tutto la traduzione precedente.

Punti forti: Tascabile, pratico, aggiornatissimo, economico, bello, arricchito da una introduzione ai singoli Vangeli, dalle cartine originali dei luoghi del Nuovo Testamento, da un vasto e completo indice analitico che ne agevola la consultazione.

Destinatari: Adatto a tutti: giovani e meno giovani, educatori, genitori e nonni, catechisti, animatori, insegnanti di religione, gruppi biblici... Perfetto per Comunioni, Cresime, regali.

PARLAMI DI GESÙ IL VANGELO PER TUTTI

NUOVO TESTO CEI

Formato: cm. 13 x 19
Pagine: 512
CODICE D'ORDINE **8445**

ISBN 978-88-8404-208-8

AUTORE

Don Giuseppe Cionchi, giornalista e docente di catechetica e didattica all'Università di Urbino; è autore di numerose opere per la catechesi e per la scuola.

CONTENUTI

- Gesù: la vita-storia nei Vangeli
- L'ambiente
- La vita privata e pubblica
- Il mistero pasquale
- Gesù: l'avventura umana,
  la rivoluzione sociale,
  il volto umano e divino,
  i miracoli,
  le parabole.
- Inni a Cristo: s. Paolo e di Paolo VI
- Vivere il Vangelo/Gesù, oggi
- Indice tematico

Dalla prefazione:

Don Giuseppe Cionchi, con stile semplice ma anche con rigorosa precisione, narra la vita di Gesù, affinché i credenti nutrano la loro fede per raccontarla con entusiasmo agli altri.

Questo libro, prima di tutto, può essere un "amico" di famiglia: uno strumento facile per dare notizie esatte sulla fede, affinché all'interno della casa cristiana sia possibile la prima trasmissione di fede.

Auguro a tutti i lettori di ritrovare, attraverso queste limpide pagine, lo stupore della fede: aver incontrato Gesù è la più grande fortuna della vita, è la vera ricchezza dell'esistenza, è il segreto della gioia che tutti cerchiamo.

Buona lettura!

Angelo Card. Comastri
Arciprete della Basilica Papale di san Pietro
Vicario Generale di Sua Santità
per la Città del Vaticano

TRE MINUTI PER DIO

Formato: cm. 10 x 14
Pagine: 64
Prezzo: € 1,50
CODICE D'ORDINE **8316**

ISBN 978-88-8404-079-4

CONTENUTI

- Preghiere comuni
- Dall'alba al tramonto
- Al Padre, al Figlio e allo Spirito Santo
- Pregare Maria
- Pregare con i Santi
- Preghiere per diverse circostanze
- Preghiere della famiglia
- Verità principali della fede cristiana
- Santa Messa

Non ricordi il Padre nostro o l'Ave Maria?
Non sei "pratico" della Messa?
Ecco un libricino leggero e tascabile, che è un manuale di preghiera, un catechismo, un benedizionale e un messale, tutto allo stesso tempo!
La vera particolarità del libro è data dal fatto che oltre alle semplici preghiere per ogni momento della giornata e per le circostanze particolari che ognuno di noi si trova a vivere (felici come compleanni, onomastici e anniversari, alle più dure come malattie, o lutti), si può portare in tasca o in borsa anche uno schema per pregare il Santo Rosario, seguire la Santa Messa e la Via Crucis e conoscere le verità fondamentali della fede cristiana.
Da solo o in compagnia, in famiglia, nel proprio gruppo ecclesiale. Puoi portarlo in borsa, in tasca, usarlo a lavoro, a scuola, in autobus, in treno, in attesa in un ambulatorio medico, dal parrucchiere... **Ideale da usare o da regalare per la benedizione delle famiglie!**

PER CONFESSARSI

Formato: cm. 10 x 14
Pagine: 64
Prezzo: € 1,50
CODICE D'ORDINE **8344**

ISBN 978-88-8404-095-4

Tutta l'esperienza pastorale di Mons. Alessandro Maggiolini, in questa piccola guida che accompagna il fedele che vuole confessarsi, prima, durante e dopo aver ricevuto il sacramento. Tante volte l'emozione o il tanto tempo trascorso dall'ultima confessione ci mettono in ansia, non ci fanno ricordare i vari "passaggi", che cosa dobbiamo fare o dire, d'ora in poi non avremo più problemi...

IL SACRAMENTO DEL PERDONO

Formato: cm. 11 x 17
Pagine: 256
Prezzo: € 4,00
CODICE D'ORDINE **8205**

ISBN 978-88-8404-057-4

Un libro di padre Silvano Bracci ofm

Sembra incredibile, ma alla base di molti disagi psicologici e addirittura fisici che proviamo o di cui vediamo soffrire i nostri cari ci può essere un peccato non confessato. Sembra impossibile eppure il suo tarlo ci lavora dentro in modo più o meno inconsapevole... Allora è facile porvi rimedio: confessiamoci!

IO SONO IL PANE DELLA VITA

Le Quarantore

Formato: cm. 10 x 14
Pagine: 64
Prezzo: € 1,50
CODICE D'ORDINE **8391**

ISBN 978-88-8404-209-5

«Venga ben predicata e ben propagata la devozione all'Eucaristia, perché per giorni e giorni, le anime non mi visitano e non mi amano, non riparano. Non credono più che Io abito nel tabernacolo, diversamente mi farebbero compagnia». «Voglio che accenda nelle anime la devozione verso l'Eucaristia. Sono tanti che pur entrando nelle chiese, neppure mi salutano e non si soffermano un momento per adorarmi».

Gesù alla Beata Alexandrina Maria da Costa

I MISTERI DEL COMPIMENTO DI TUTTE LE COSE IN CRISTO

Formato: cm. 10 x 14
Pagine: 32
Prezzo: €1,50
CODICE D'ORDINE **8446**

ISBN 978-88-8404-210-1

Un libro di padre Carlo Colonna s.j.

Per comprendere e meditare, pregando il Rosario, il mistero riguardante le risurrezione e... il ritorno di Gesù Cristo; la risurrezione dei santi; la separazione dei giusti dai malvagi e la sentenza del premio o del castigo eterno; l'assunzione di tutti i giusti in cielo; le nozze eterne tra Gesù Cristo e la Chiesa dei santi.

VISITE AL SANTISSIMO SACRAMENTO E A MARIA SANTISSIMA

Formato: cm. 11 x 17
Pagine: 192
Prezzo: € 5,00
CODICE D'ORDINE **8424**

ISBN 978-88-8404-188-3

AUTORE
Sant'Alfonso Maria de Liguori

CURATORE
Padre Gilberto Silvestri C.Ss.R

CONTENUTI
- Visite al Santissimo Sacramento
- Atti per la santa Comunione
- Aspirazioni amorose

Il libro delle Visite al Santissimo Sacramento e a Maria Santissima non è un trattato, non illustra una dottrina, ma propone una pratica di pietà che tocca il cuore della fede cristiana: l'Eucaristia, fonte e culmine della vita della Chiesa. Non è neppure un libro da leggere tutto d'un fiato e poi riporre tra gli scaffali della biblioteca, ma da assaporare giorno per giorno, mese per mese, come una miniera dove più si scava e più si trova! Le Visite sono un manuale di preghiera agile e accessibile a tutti, dallo stile scorrevole e piacevole, di contenuto ricco. Le riflessioni illuminano l'intelligenza, e insieme muovono gli affetti e la volontà dell'orante verso l'unico Bene, Gesù vivo e vero presente nell'Eucaristia.

SANT'ALFONSO MARIA DE LIGUORI
MASSIME ETERNE

Formato: cm. 11 x 17
Pagine: 384 cartonato
Prezzo: € 5,00
CODICE D'ORDINE **8362**

ISBN 978-88-8404-192-9

AUTORE
Sant'Alfonso Maria de Liguori

CURATORE
Padre Rocco Di Masi C.Ss.R.

CONTENUTI
- Preghiere del mattino
- Preghiere durante il giorno
- Preghiere della sera
- Preghiere alla Madonna
- Via crucis
- Altre preghiere
- Preghiere ai santi
- Unzione degli infermi
- Preghiere per i defunti
- I Salmi
- Il sacramento della penitenza
- La santa Messa

EDIZIONE CON CARATTERI GRANDI

Massime Eterne è il libro che aiuta il credente a parlare con Dio, ad intensificare i rapporti personali con lui, specialmente nei momenti di dolore e nelle prove della vita. Nella preghiera, infatti, noi ascoltiamo e dialoghiamo con il Padre, con gli angeli, i santi e la Madonna e possiamo anche metterci vicino ai nostri parenti e amici defunti per mantenere con loro quel legame indissolubile che avevamo costruito in vita. Le Massime Eterne sono la prima operetta data alle stampe da Sant'Alfonso, si pensa intorno al 1728. Attraverso questo libro il santo voleva dare ai fedeli un sussidio efficace per conseguire la salvezza eterna. Le edizioni si sono moltiplicate negli anni, ma nella sostanza è rimasto un piccolo manuale di meditazione e di preghiera, prezioso aiuto di ogni cristiano. Chiediamo al Signore e a Maria di accogliere queste nostre preghiere, che con amore e umiltà vogliamo offrire, aprendo il nostro cuore e la nostra anima verso loro.

LA DEVOZIONE AL SANTO VOLTO DI GESÙ

Formato: cm. 10 x 14
Pagine: 96
Prezzo: € 2,00
CODICE D'ORDINE **8426**

ISBN 978-88-8404-194-4

AUTORE

Sandra del Santo Volto, oblata benedettina silvestrina

CONTENUTI

- Prefazione del Card. Comastri
- La devozione al Santo Volto
- Storia del culto al Santo Volto
- Dalla lettera Apostolica "Novo Millennio Ineunte" di Giovanni Paolo II
- Benedetto XVI in visita al Santo Volto di Manoppello
- La medaglia del Santo Volto
- Preghiere al Santo Volto di Gesù
- Inno al Santo Volto
- Via Crucis

Dalla prefazione:
Contemplare il Volto di Gesù equivale a contemplare il volto stesso di Dio: "Chi ha visto me ha visto il Padre (...) io sono nel Padre e il Padre è in me" (Gv. 14,9-10)!
Con questa certezza nel cuore, i credenti di ogni tempo hanno adorato, con devozione profonda ed amore di figli, il Volto Santo di Colui che per Amore, e solo per Amore, ha immolato se stesso per la alvezza di ciascuno e la redenzione dell'umanità intera.
È per questo che non posso non manifestare il mio plauso convinto alla presente iniziativa editoriale, la quale ha come scopo quello di contribuire a diffondere sempre più la venerazione del Santo Volto di Gesù, in un mondo assetato di Dolcezza ed Amore: sentimenti che di Esso si sprigionano in sovrabbondanza, a lenire le molte ferite dell'animo umano!

Card. Angelo Comastri
Arciprete della Basilica Papale di san Pietro
Vicario Generale di Sua Santità
per la Città del Vaticano

IN PUNTA DI PIEDI

Lo stupore dell'adorazione nella vita quotidiana

Formato: cm. 11 x 17
Pagine: 192
Prezzo: € 4,00
CODICE D'ORDINE **8442**

ISBN 978-88-8404-204-0

AUTORE

Sr Anna Maria Vissani e Don Mariano Piccotti *offrono un'esperienza maturata da anni con laici che decidono di mettersi alla sequela del Signore e, nella semplicità della vita ordinaria, apprendono l'arte di apprezzare e amare la vita con tutto il suo chiaro-scuro delle gioie e dei dolori.*

CONTENUTI

- Come scoprire la presenza di Dio nel quotidiano
- Dove incontrare la Verità che è Gesù
- Appuntamenti per l'incontro: brevi momenti di adorazione biblica
- Preghiere per facilitare il dialogo con il Signore
- Testimoni

Se stai cercando una risposta alla sete di verità e di luce, che arde da tempo dentro di te; se desideri aprire un libro che, nella sua semplicità, prova a dare una risposta alla tua vita quotidiana, prendi con te IN PUNTA DI PIEDI... e troverai acqua pura sorgente!

C'è, in questo libro, un invito che parte da lontano, ma nuovo per te e per quanti saranno coinvolti nella lettura e nella preghiera: "siediti al pozzo della tua quotidianità: incontrerai Colui che solo può dissetare il tuo cuore".
Molti, come te, hanno fatto questa esperienza! Da quell'incontro è nata una preghiera che viene offerta oggi a te, che cerchi, perchè anche tu possa donare ad altri la tua.
I testimoni della fede hanno lasciato un raggio di luce della loro interiorità e ci raccontano come hanno intrecciato la vita semplice di tutti i giorni con i desideri grandi dello spirito. Nella tua genuinità troverai in loro una sintonia inaspettata.
Prendi il libro, fanne tesoro e ti verrà il desiderio di donarlo a molti amici.

Gli Autori

Sant'Alfonso Maria de Liguori
LE GLORIE DI MARIA

Formato: cm. 12 x 19
Pagine: 480
Prezzo: € 7,00
CODICE D'ORDINE **8243**

AUTORE
Sant'Alfonso M. de Liguori

CURATORE
Padre Gilberto Silvestri C.Ss.R.

CONTENUTI
- Commento alla Salve Regina
- Le sette feste principali di Maria
- Riflessione sui sette dolori di Maria
- Le Virtù di Maria Santissima

PROSSIMA USCITA MARZO 2009

"Le glorie di Maria" è il più grande capolavoro mariano di sant'Alfonso Maria de Liguori, che ancora oggi con forza irresistibile continua ad alimentare la pietà popolare. Esso è composto da varie meditazioni sulle parti che costituiscono la Salve Regina, le sette principali feste di Maria, i sette dolori di Maria, le Virtù di Maria Santissima, ossequi di devozione e quasi 100 esempi dell'azione di Maria Santissima. Come quasi tutte le Opere di sant'Alfonso si tratta di un testo NON tanto da leggere ma che costituisce la materia per pregare: prendi, caro lettore, queste pagine che comunicano luce e calore; leggile in tutti i sabati dell'anno o almeno nelle principali festività mariane. Anche tu constaterai commosso come "Le glorie di Maria sono il più bel libro scritto in italiano sulla Madonna.

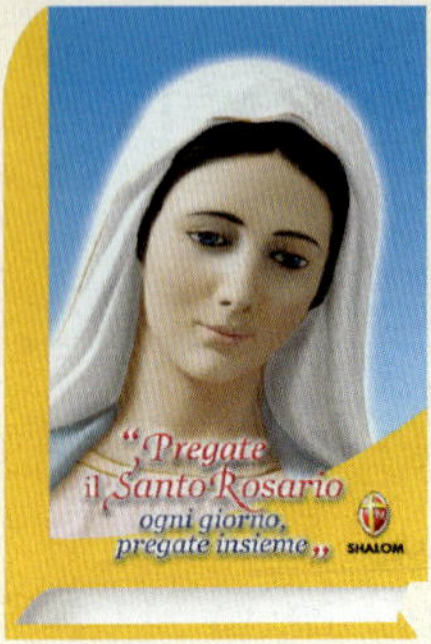

"PREGATE IL SANTO ROSARIO OGNI GIORNO PREGATE INSIEME"

Formato: cm. 11 x 17
Pagine: 320
Prezzo: € 5,00
CODICE D'ORDINE **8102**

ISBN 978-88-86616-02-3

AUTORE

Padre Slavko Barbaric ofm

CONTENUTI

- L'importanza del Rosario
- La storia del Rosario
- La struttura e i tempi del Rosario
- Come si recita il Rosario
- Pregate il Rosario ogni giorno
- Solo il Rosario può fare miracoli nella nostra vita
- Meditate ogni giorno... con il Rosario
- Appendici

Un altro libro sul rosario?
Sì, un altro, ma proprio un altro...
Non nel senso di ulteriore, ma nel senso di diverso! Diverso perché giovane per i giovani, adulto per gli adulti nella fede, moderno seppure tradizionale, semplice per chi non ha mai recitato il rosario, biblico per chi ama nutrirsi della Parola, approfondito per chi cerca la riflessione, meditativo per chi vuole la contemplazione, "dilatato" per chi prega aprendo il proprio orizzonte a 360°, concreto per chi desidera impegnarsi quotidianamente per cambiare vita, completo per chi desidera dedicare un mese (per es. maggio, ottobre) alla preghiera prediletta da santi e pontefici, cambiando meditazioni ogni giorno. Impariamo ad amare e far amare il Rosario a questo nostro tempo avido di chiasso ma arido di orazione. Viviamo questa preghiera meravigliosa che è il santo Rosario, nel quale l'anima non si stanca di ripetere le stesse cose, come non se ne stancano gli innamorati che si amano veramente, e in cui si impara a rivivere i momenti centrali della vita del Signore.

Codice 8462 "Sconfiggete Satana con il rosario in mano" **prossima edizione**

ISBN 978-88-86616-52-2

IL ROSARIO PER SCOPRIRE IL VOLTO DI DIO AMORE

Formato: cm. 10 x 14
Pagine: 192
Prezzo: € 2,50
CODICE D'ORDINE **8103**

Un libro di Fr. Stefano Vita

Quando fu sganciata la bomba atomica su Hiroshima ('45) una piccola comunità di 8 padri gesuiti rimase illesa insieme alla casa, mentre non scampò alcuna persona nel raggio di un chilometro e mezzo dal centro dell'esplosione. Scienziati ed esperti indagarono per diversi anni per individuarne le cause scientifiche. Non arrivarono a nulla, poiché in quella casa c'era solo una cosa diversa dalle altre: si recitava ogni giorno il rosario insieme!

ISBN 978-88-8404-001-9

"PREGATE IL SANTO ROSARIO OGNI GIORNO E AVRETE LA PACE"

Formato: cm. 10 x 14
Pagine: 32
Prezzo: € 1,50
CODICE D'ORDINE **8234**

Leggero, pratico, sintetico... Per pregare il Rosario ovunque... I misteri del Rosario approfonditi da un breve commento e completati dalle preghiere di introduzione e conclusione della preghiera prediletta dalla tradizione.

ISBN 978-88-86616-73-2

IL ROSARIO BIBLICO

Formato: cm. 10 x 14
Pagine: 128
Prezzo: € 2,00
CODICE D'ORDINE **8180**

Quante volte ci lamentiamo di essere ignoranti in fatto di sacra Scrittura, ma non abbiamo tempo di leggerla? Questo libro offre l'occasione imperdibile di approfondire la Bibbia, pregando o meglio di "pregare la Bibbia". Ideale per la recita comunitaria e per il suo utilizzo in veglie o ore di preghiera, permette anche di gustare ancora di più la vita di Gesù così com'è raccontata dalla Bibbia.

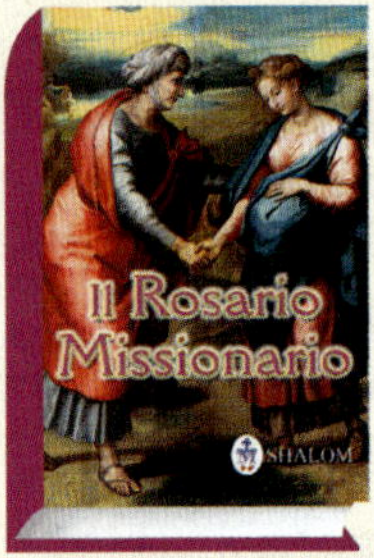

ISBN 978-88-86616-62-7

IL ROSARIO MISSIONARIO

Formato: cm. 10 x 14
Pagine: 64
Prezzo: € 1,50
CODICE D'ORDINE **8179**

Il Rosario Missionario è una preghiera che viene pregata per il mondo intero: si prega servendosi di una corona composta da cinque decine di colore diverso, uno per ogni continente. La preghiera del Rosario Missionario può diventare uno splendido arcobaleno di pace che avvolge il mondo e gli garantisce la protezione della Madonna.

Codice 10995	Corona missionaria	**€ 4,70**

L'IMITAZIONE DI MARIA

Formato: cm. 11 x 17
Pagine: 512
Prezzo: € 7,00
CODICE D'ORDINE **8296**

ISBN 978-88-8404-061-2

AUTORE
Dom Mariano Grosso OSB

PREFAZIONE
Card. Angelo Comastri

CONTENUTI
- Maria figlia
- Maria donna
- Maria madre
- Maria e la Trinità
- Le virtù di Maria
- Maria e le anime dei defunti
- Maria e la volontà di Dio
- Maria e la santissima Eucaristia
- Maria e Gesù crocifisso
- Maria e la sofferenza
- Maria e il perdono
- Maria e la vita quotidiana
- Maria e la famiglia

"Qual è la scuola che ci aiuta ad aprirci più efficacemente ad una conoscenza profonda e coinvolgente di Gesù? È Maria! Questo libro aiuterà certamente i lettori a riscoprire Maria e accenderà nel loro cuore il desiderio di farsi prendere per mano da Colei, che più di tutti, conosce la strada del Vangelo".

Card. ANGELO COMASTRI

La vera forza di questo libro sta nel fatto che l'autore colloca l'imitazione di Maria nel contesto di oggi, spiegando come ci si dovrebbe comportare in tante situazioni della vita quotidiana, alla luce della vita e delle virtù di Maria. Il libro ha la struttura di un dialogo tra un catechista, lo scrittore appunto, ed un giovane che vive in un mondo lontano da Dio. Il giovane è desideroso di seguire Dio nella vita e interroga il saggio frate benedettino per ricevere insegnamenti da lui. Questi impartisce i suoi insegnamenti in modo semplice e immediato dando pratici consigli per la vita di ogni giorno per imitare le virtù di Maria. È un ottimo libro anche per "animare" la recita del Rosario meditando la santità di Maria in ogni mistero contemplato.

PREGHIAMO CANTANDO

CON ACCORDI

Formato: cm. 12 x 19
Pagine: 1024
Prezzo: € 12,00
CODICE D'ORDINE **8108**

ISBN 978-88-86616-09-6

AUTORE

Riccardo Vannucci
Fr. Pierpaolo Fabbri ofm

CONTENUTI

- Alla Madonna
- Allo Spirito Santo
- Di lode e adorazione
- Vocazionali e di guarigione
- Per la Santa Messa
- Salmi e Cantici
- Canzoni di Avvento, di Natale, di Quaresima, di Pasqua
- Di fraternità e francescani
- Inni GMG

UTILE DA SOLI
IDEALE PER CORI, COMUNITÀ E PARROCCHIE

Questa nuova raccolta di canti è destinata a venire incontro alle tante richieste e bisogni dei cristiani, specialmente giovani, ma non solo, che desiderano esprimere la loro fede, la loro gioia di vivere, la loro speranza e la loro fiducia in Dio. Tutti sappiamo quanto il canto crei comunione, festa, gioia, vita.
Il canto esprime e rafforza l'amore di Dio riversato nei cuori. E ricordiamoci: il Regno eterno di Dio è una festa, una festa e un canto d'amore!

NELLA VERSIONE COMPLETA
TESTO E ACCORDI

SIGNORE DACCI SEMPRE QUESTO PANE

PREGHIERA PER LA MENSA

Formato: cm. 11 x 17
Pagine: 128
Prezzo: € 3,00
CODICE D'ORDINE **8411**

ISBN 978-88-8404-180-5

AUTORE

Panfilo Di Paolo

CONTENUTI

"Sia che mangiate
sia che beviate
sia che facciate qualsiasi altra cosa,
fate tutto per la gloria di Dio!"

(1Cor 10,31)

Adamo ed Eva hanno espresso la loro distanza da Dio mangiando, e così peccarono, si accorsero di essere nudi, si accusarono reciprocamente!

Ora a noi, rivestiti di Cristo, è concesso di mangiare insieme in umiltà e letizia, riconoscenti al Padre, che nutre gli uccelli del cielo, perché sa ciò di cui abbiamo bisogno, al Figlio, che chiede acqua e pane, si fa ospite degli uomini e si lascia servire, allo Spirito Santo, che rende i nostri pasti occasione di comunione!

Proposta di preghiere per i pasti nei vari tempi dell'anno liturgico e nei giorni della settimana.

ISBN 978-88-86616-08-2

PREGHIERE PER LA FAMIGLIA

Formato: cm. 12 x 19
Pagine: 512
Prezzo: € 7,00
CODICE D'ORDINE **8111**

Molti problemi delle famiglie contemporanee dipendono dal fatto che diventa sempre più difficile comunicare. Non si riesce a stare insieme. Pregando la famiglia si ritrova: i singoli membri, gettando lo sguardo su Gesù recuperano la capacità di guardarsi nuovamente negli occhi, di comunicare, di perdonarsi e ricominciare ogni giorno da capo con il cuore rinnovato dalla gioia di Cristo. **Senza la preghiera in famiglia non c'è speranza di riuscita...**

ISBN 978-88-86616-90-2

PREGHIERE DI BENEDIZIONE E DI LIBERAZIONE

PER LA FAMIGLIA

Formato: cm. 10 x 14
Pagine: 128
Prezzo: € 3,00
CODICE D'ORDINE **8232**

Un libro di Padre Felice Traversa

La preghiera è il cibo della vita spirituale della famiglia: alimenta la fiducia, ravviva la speranza, rigenera l'amore. Senza la preghiera, la famiglia corre il rischio di morire.

VIA CRUCIS PER GLI SPOSI E LE FAMIGLIE

Formato: cm. 10 x 14
Pagine: 32
Prezzo: € 1,50
CODICE D'ORDINE **8444**

ISBN 978-88-8404-207-1

La famiglia, luogo primario di trasmissione non solo della vita, ma anche della fede, è intimamente chiamata a partecipare a tutta la vicenda della morte e della Resurrezione di Cristo. Praticare la Via della Croce tra le mura domestiche assume un valore e un significato particolare: è proprio la famiglia, nel quotidiano percorso educativo della convivenza e dell'amore (tra marito e moglie, tra genitori e figli e tra fratelli), la via ordinaria che conduce la persona umana alla contemplazione dei misteri della vita, della morte, della Resurrezione.

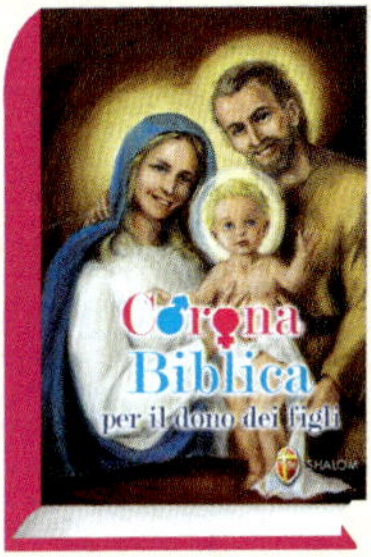

CORONA BIBLICA PER IL DONO DEI FIGLI

Formato: cm. 10 x 14
Pagine: 32
Prezzo: € 1,50
CODICE D'ORDINE **8443**

ISBN 978-88-8404-205-7

Un libro di Maria Grazia Pinna.
Meditando sui brani di questa coroncina si accende nei cuori la speranza che Dio, Amante della vita (Sap.11,26), possa intervenire ancora oggi per donare la maternità e la paternità alle coppie desiderose di diventare genitori e che faticano a veder realizzato il proprio desiderio d'amore.

Codice 10980	Corona per il dono dei figli	**€ 3,50**

SACRO MANTO E NOVENA IN ONORE DI SAN GIUSEPPE

Formato: cm. 10 x 14
Pagine: 32
Prezzo: € 150
CODICE D'ORDINE **8190**

ISBN 978-88-86616-50-3

A cura di Padre Tarcisio Stramare osj
"Qualunque grazia si domanda a San Giuseppe verrà certamente concessa. Chi non crede, ne faccia la prova, affinché si persuada".
Santa Teresa d'Avila

IL MESE DI MARZO DEDICATO A SAN GIUSEPPE

Formato: cm. 11 x 17
Pagine: 192
Prezzo: € 4,00
CODICE D'ORDINE **8340**

ISBN 978-88-8404-099-2

Un libro di Padre Tarcisio Stramare osj
La figura e la missione di san Giuseppe attraverso la vita dei Santi che si sono distinti nella devozione a lui, l'hanno promossa con il loro esempio; un "fioretto" e la "giaculatoria" ricavati per intero dalla Sacra Scrittura, in sintonia di azione e di preghiera con quanto Dio ci insegna attraverso la sua parola ispirata: ecco come dedicare un mese al Custode del Redentore.

SAN CAMILLO DE LELLIS

PATRONO DEI MALATI, SOFFERENTI, OPERATORI SANITARI E LUOGHI DI CURA

Formato: cm. 11 x 17
Pagine: 128
Prezzo: € 3,00
CODICE D'ORDINE **8414**

ISBN 978-88-8404-190-6

AUTORE
Padre Kristoforo Trebsksi

CONTENUTI
- Biografia di San Camillo a cura di padre Felice Ruffini
- Ci parlano di San Camillo
- Preghiere a San Camillo: preghiere, litanie, triduo per la persona malata, triduo di ringraziamento, santa Messa in onore di san Camillo.
- il Santuario di San Camillo

Una misteriosa piaga inguaribile al piede e la chiamata di Cristo Crocifisso a dedicarsi completamente ai malati ha reso unica la figura di san Camillo de Lellis, patrono dei malati, dei sofferenti, degli operatori sanitari e dei luoghi di cura.

L'interessantissima **vita** del Santo, narrata con toni accattivanti, e le **preghiere** per chiedere la sua intercessione, rendono utile e adatto questo libro agli ammalati, ma non solo!
Chi non si è mai ammalato?
Chi non si è mai trovato a dover assistere qualcuno bisognoso di cure?
Chi non ha mai provato il desiderio di riaccendere il sorriso di una persona malata?

SAN NICOLA DA TOLENTINO
IL SORRISO DELL'UMILTÀ

Formato: cm. 11 x 17
Pagine: 320
Prezzo: € 5,00
CODICE D'ORDINE **8321**

ISBN 978-88-8404-206-4

AUTORE
Padre Remo Piccolomini
Natalino Monopoli

CONTENUTI
- Una vita umile nella preghiera
- I fioretti di San Nicola da Tolentino
- San Nicola e gli Agostiniani
- Ritorno alle fonti
- I brettinesi e l'ordine Agostiniano
- Il fascino di una semplicità sorridente
- San Nicola: un asceta
- L'amore della verità, la necessità della carità. Preghiera e apostolato
- La Chiesa onora San Nicola
- Preghiere e canti

La straordinaria vicenda umana e spirituale di un Santo tanto amato dal popolo cristiano, si presenta in questa biografia con tutta la freschezza e la semplicità di una vita ordinaria.
San Nicola da Tolentino porge con la sua testimonianza una grande lezione di amore, umiltà e profonda fede. Pur essendo un Santo Agostiniano vissuto otto secoli fa, resta attuale per il suo messaggio, la sua intercessione, l'esemplarità di vita come uomo e come religioso agostiniano; l'immagine di san Nicola si presenta come quella del Sorriso di Dio, un sorriso pieno di bontà ed umiltà.
Nella sezione dedicata all'analisi della spiritualità del Santo marchigiano, si può comprendere sia la profonda essenza agostiniana di Nicola, che lo ha reso emblema del nascente ordine ed oggi lo presenta come preziosa pietra della famiglia del grande Sant'Agostino, ma anche la profonda attualità della sua figura di patrono delle anime del Purgatorio.

NOSTRA SIGNORA DI LAUS

LA SPERANZA NEL CUORE DELLE ALPI

Formato: cm. 13 x 19
Pagine: 192
Prezzo: € 5,00
CODICE D'ORDINE **8428**

ISBN 978-88-8404-199-6

AUTORE

Padre Bertrand Gournay, rettore del santuario di Laus

CONTENUTI

- La Misericordia nel cuore delle Alpi
- La storia
- Le preghiere
- I luoghi
- Guida del pellegrino

54 anni
di apparizioni

Il 4 maggio 2008 Mons. Jean-Michel di Falco Léandri ha riconosciuto ufficialmente le apparizioni più lunghe della storia: per ben 54 anni (1647-1718) la Vergine è apparsa ad una umile e analfabeta pastorella a Laus, nelle Alpi Francesi, a 150 km da Torino.

Il messaggio? Semplice e immediato: Nostra Signora di Laus, "rifugio dei peccatori", ci guida per condurci da suo Figlio attraverso i sacramenti della Riconciliazione e dell'Eucaristia.

L'olio miracoloso della lampada non cessa di produrre numerose guarigioni e i profumi soavi dei Cieli, continuano a manifestarsi oggi come un bagno di misericordia e di amore divino.

La Chiesa, sempre cauta e riflessiva, ha riconosciuto nel corso della storia 11 apparizioni su 295 sottoposte ad indagine: Laus è la dodicesima!

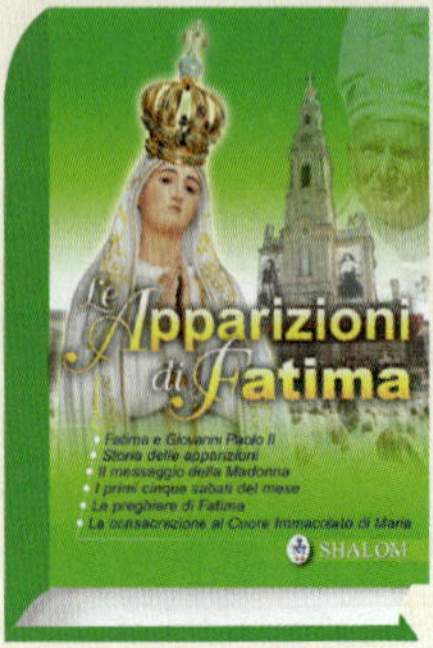

LE APPARIZIONI DI FATIMA

Formato: cm. 13 x 19
Pagine: 448
Prezzo: € 7,00
CODICE D'ORDINE **8204**

ISBN 978-88-86616-88-0

CONTENUTI

- Fatima e Giovanni Paolo II
- Storia delle apparizioni
- Il messaggio della Madonna
- I primi cinque sabati del mese
- Le preghiere di Fatima
- La Consacrazione al Cuore Immacolato di Maria

"Con la pubblicazione della terza parte del segreto e la beatificazione dei pastorelli Francesco e Giacinta, il messaggio di Fatima appare in tutta la sua straordinaria bellezza e grandezza. È un messaggio di santità, che sollecita i singoli e l'intera Chiesa. È un messaggio di speranza, che indica, all'orizzonte di un periodo storico tempestoso, l'avvento del trionfo del Cuore Immacolato di Maria e di un tempo di pace per l'umanità.
Ciò che caratterizza questo libro è innanzi tutto la completezza. Leggendolo si dispiega davanti agli occhi il meraviglioso piano di misericordia di Maria a partire da quel 13 Maggio 1917 fino ai nostri giorni. Gli avvenimenti di Fatima sono letti con gli occhi della Chiesa, in particolare del protagonista del segreto, che è Giovanni Paolo II.
Fatima è anche una fonte inesauribile di spiritualità e il merito di queste pagine è quello di mostrare il valore permanente degli insegnamenti della Madonna nel cammino verso la santità. Maria è la Madre che prende tutti per mano e che conduce con infinita pazienza tutti i suoi piccoli figli sulla via della salvezza."

Padre Livio Fanzaga,
Direttore di Radio Maria

LOURDES LA STORIA, LE STORIE

Formato: cm. 13 x 19
Pagine: 256
Prezzo: € 4,00
CODICE D'ORDINE **8301**

ISBN 978-88-8404-178-4

AUTORE
Don Gianni Toni

CONTENUTI
- La storia
- Le storie
- I luoghi
- La preghiera

Don Gianni Toni ha al suo attivo alcune pubblicazioni, legate all'esperienza che più ne caratterizza il ministero sacerdotale: con l'Editrice AVE ha pubblicato a Roma nel 2006 I volti del treno bianco (giunto in breve alla seconda ristampa); con Lourdes: la storia, le storie, presenta i principali dati riguardanti il più famoso santuario d'Europa in occasione del 150° delle apparizioni e ne rilegge la forte esperienza spirituale attraverso i racconti di alcuni protagonisti di oggi, nella maggior parte unitalsiani. È un viaggio, affascinante e concreto, nel mistero della sofferenza e del dolore, attraversato dalla fiducia instancabile di chi accetta tutto "senza fatica, perché ama".

uscita aprile 2009

LE APPARIZIONI DI LOURDES

CODICE D'ORDINE **8446**

Un libro di don Gianni Toni

Milioni di persone ogni anno si recano alla vecchia roccia di Massabielle "grazie" alla storia vissuta laggiù, quando il cielo si è aperto per lasciar passare il sole più bello del Paradiso, la Vergine Maria, e splendere per Bernadette Soubirous. Queste pagine nascono con il solo intento di poter dare un condensato di quei giorni, di quel lontano 11 febbraio 1858.